Für dich, um dich zu inspirieren,
dich zu ermutigen und dich zu begeistern,
Neues auszuprobieren

SPITZKOHL

FABIAN GÖPFERT | KIM AICHHOLZ | KILIAN ROSINI | TIM ARBOGAST

The Essential Student Cookbook

inspirierend. schnell. kreativ kombiniert.
70 leckere Gerichte für jeden Tag

braucht eine Höhle
HÖHLE MUSS BLEIBEN!!!
Biergarten

Inhalt

Willkommen in unserem Kochbuch

Hey!

wir sind Kim, Tim, Kili und Fabi – vier Studierende, die sich während ihrer Studienzeit entschlossen haben, gemeinsam dieses Kochbuch zu schreiben, das nun vor dir liegt.

Warum? Weil uns kein Studentenkochbuch auf dem Markt überzeugt hat. Also haben wir es selbst in die Hand genommen. Von den Rezepten über die Texte und die Fotografien bis zur Gestaltung haben wir alles selbst gemacht. Wir haben sehr viel Liebe, Zeit und Energie in dieses Projekt gesteckt. Damit hältst du unser Baby in den Händen, das dich voller Power, Kreativität und neuer Ideen durch deine Studienzeit begleiten darf.

Wir wünschen dir viel Spaß beim Kochen!
Kim, Tim, Kili und Fabi

DOCH NUN VON VORNE …

Wie alles begann

Unsere Geschichte begann zu unterschiedlichen Zeiten. Deshalb gibt es davon zwei Perspektiven – nämlich die von Tim und Fabi sowie die von Kim und Kili.

»Nach drei Oettinger an einem warmen Aprilnachmittag in Fabis WG-Garten entstand unsere Kochbuchidee, zwar noch sehr chaotisch und vielleicht ein wenig zu optimistisch, aber sie war geboren.«

TIM

Sonnenbrille, Kopfhörer, Mantel – was ein Arschloch. Das war mein erster Eindruck von Fabi, als er am ersten Unitag zu spät mit arroganter Körperhaltung in den Vorlesungsraum stolzierte und das »Guten Morgen!« des Professors einfach links liegen ließ. Doch das sollte sich nach den gemeinsam durchgestandenen Schikanen der Ersti-Woche schnell ändern.

FABI

15 Minuten zu spät und auf den erstbesten Platz gesetzt. Erst mal ankommen, schließlich begannen jetzt die nächsten drei Jahre meines Lebens und damit ein ganz neuer Abschnitt. Ich schaute nach links und rechts und bemerkte eine signifikante Abwesenheit des männlichen Geschlechts. Nein, Spaß beiseite, aber wo waren die Jungs? Ich hatte ja von einer hohen Frauenquote im Studiengang gehört, aber das hatte auch ich nicht erwartet. Naja, du hast ja schon von Tim gelesen, dass es nicht lange gedauert hat, bis ich ihn kennenlernte und schnell feststellen durfte, dass wir sehr viele gemeinsame Interessen haben.

TIM UND FABI

Vier Monate später: Nach drei Oettinger an einem warmen Aprilnachmittag in Fabis WG-Garten entstand unsere Kochbuchidee, zwar noch sehr chaotisch und vielleicht ein wenig zu optimistisch, aber sie war geboren. Wir hatten festgestellt: Alleine zu kochen macht einfach weniger Spaß, Abwechslung und Inspiration hat man erst recht nicht. In die unauthentische, unpraktische Studentenkochbuch-Landschaft musste also irgendjemand mal ein RICHTIGES Kochbuch von Studierenden für Studierende bringen. Das war und ist unsere Mission. Doch zu einem wirklich guten Kochbuch gehört vor allem auch ein wirklich gutes Design. Darin waren unsere Talente eher durchwachsen … Also haben wir unsere gesamten

Word-Design-Fähigkeiten zusammengenommen und den mit Abstand hässlichsten Hilfeschrei erstellt, den man sich vorstellen kann, um irgendwie Aufmerksamkeit zu erhalten. Kim hat es uns zwar nicht erlaubt, ihn abzudrucken, aber unter dem QR-Code unten rechts könnt ihr ihn sehen. Und dann hieß es: Warten! Zum Glück hat es nicht lange gedauert, bis sich die ersten Interessierten meldeten. Darunter war diese Nachricht von Kili. Erst mal das Profilbild abgecheckt, das einen coolen Eindruck machte: ein sehr schön fotografiertes und bearbeitetes Bild – und der will mit uns an einem Kochbuch arbeiten? Er hat außerdem noch eine Kommilitonin im Schlepptau, die sich im Printbereich auskennt? JACKPOT! Als ich Tim die Nachricht vorlas, wurde dessen Grinsen breiter und breiter. Wir verabredeten uns zu einem ersten Treffen und – den Rest erzählen dir jetzt Kim und Kili.

»Also haben wir unsere gesamten Word-Design-Fähigkeiten zusammengenommen und den mit Abstand hässlichsten Hilfeschrei erstellt, den man sich nur vorstellen kann, um irgendwie Aufmerksamkeit zu erhalten.«

»Also, wenn wir wollen, dass das Kochbuch besser aussieht als der Aushang, sollten wir da vielleicht helfen.«

KILI

Als ich Anfang Januar zu Hause in meinem WG-Zimmer in Ravensburg saß und gerade Youtube-Videos schaute, bekam ich eine Mitteilung von Facebook. Irgendjemand hat was in die Gruppe meines Mediendesign-Studiengangs gepostet. Ich öffnete die Seite und stieß auf ein Bild, das sofort meine Aufmerksamkeit hatte. Nicht, weil es so schön war, sondern eher weil es aussah wie eine Einladung zum Geburtstag eines Dreijährigen und ich mir nicht erklären konnte, wieso so etwas in unserer Studiengangsgruppe gepostet wurde. Ich klickte auf das Bild und bekam vor Staunen den Mund nicht mehr zu. Der Post war mehr oder weniger ein digitaler Flyer, den man gerne auch als Hilfeschrei interpretieren konnte. Von zwei Jungs, die an meiner Uni Hotel- und Gastronomiemanagement studierten und die Idee hatten, ein Kochbuch von Studierenden für Studierende herauszubringen. Was ihnen dazu fehlte, waren zwei Leute, die ihnen in der Gestaltung halfen. Mehr Glück konnten die beiden Jungs nicht haben, denn zufälligerweise kannte ich eine Frau, der Gestaltung, vor allem im Bereich Print, sehr am Herzen liegt. Also machte ich schnell ein Foto von dem Post und schickte Kim eine Nachricht mit der Caption »Hättest du Bock?«. Die Antwort kam relativ schnell: »Ist ja mega! Also, wenn wir wollen, dass das Kochbuch besser aussieht als der Aushang, sollten wir da vielleicht helfen.«

KIM

Ich war sofort begeistert von dieser Idee, denn von einem eigenen Kochbuch hatte ich insgeheim schon immer geträumt. Vermutlich wäre das ein Frühstückskochbuch geworden, da ich sechs Jahre lang jeden Samstag im Café meiner Eltern gearbeitet und mir dafür wöchentlich neue Frühstückskreationen überlegt hatte. Deshalb sagte ich Kili direkt überschwänglich zu, ohne mir groß Gedanken darüber zu machen. Die Beschreibung klang so, als hätten die Jungs bereits alle Rezepte, die Kili fotografieren sollte, und dass ich das Ganze dann gestalte.

KIM UND KILI

Zu diesem Zeitpunkt war uns noch nicht bewusst, was das für ein Brocken wird. Wir dachten eher daran, dass ich (Kili) meine Fotografiefähigkeiten weiterbringen kann. Ich (Kim) sah eigentlich nur meinen Traum vom eigenen Frühstückskochbuch näherkommen. Munter schrieben wir also Fabi und Tim, ob sie denn schon Leute gefunden hätten. Zu unserem Glück waren sie noch auf der Suche und wollten uns unbedingt kennenlernen. Was wir dann beim Italiener von nebenan taten. Schnell wurde klar, dass das Ganze mehr oder weniger noch in den Startlöchern stand und die Jungs vor allem auf der Suche nach zwei Leuten waren, die Teil des Projekts werden wollten. Es sollte kein Kochbuch von Tim und Fabi werden, bei dem wir mithelfen, sondern es sollten bestmöglich alle vier gleichermaßen beteiligt sein. Klang erst mal ganz gut: unser eigenes Kochbuch, an dem wir selbst mitwirken. Hammer! Und so kam es auch.

TIM, FABI, KIM UND KILI

Nach der Uni und an Wochenenden fingen wir an, ein Konzept zu entwickeln, erste Rezepte zu kreieren, zu fotografieren und Beispielseiten zu gestalten. Im Nachhinein betrachten wir diese ersten Versuche mit leichtem Schmunzeln, da wir anfangs sehr unbeholfen an die Sache herangingen. Nach dem ersten Shooting gingen wir vier zusammen auf eine WG-Party. Und auch sonst haben wir in der Freizeit viel gemeinsam unternommen. Denn mit der Zeit stellten wir untereinander immer mehr Gemeinsamkeiten fest. Und aus dem Ganzen wurde eine ziemlich dicke Freundschaft.

»Im Nachhinein betrachten wir diese ersten Versuche mit leichtem Schmunzeln, da wir anfangs sehr unbeholfen an die Sache herangingen.«

Die Kombination aus Koch, Fotograf, Designerin, Sommelier & Organisationstalent ist für uns absolut perfekt. Und dann träumen wir ja noch von unserem eigenen Restaurant. den Namen hätten wir zumindest schon ...

So findest du dich im Buch zurecht

Neben kreativen und leicht verständlichen Rezepten aus alltäglichen Zutaten bieten wir dir an, uns vier ein bisschen näher kennenzulernen: unsere Vorlieben für gutes Essen, interessante Facts über uns und wie dieses Buch entstanden ist.

KOCHEN KANN JEDER!

Damit auch wirklich alles klappt, begleiten wir dich Schritt für Schritt durch die Rezepte. Sie alle sind von uns kreiert - bei dem einen oder anderen haben wir uns aber auch von Freunden und Familien inspirieren lassen. Die Rezepte sind auf Geschmack und einfache Zubereitung getestet.
Was sie durchweg gemeinsam haben?
Du bekommst die Zutaten ganz unkompliziert in jedem Supermarkt. Uns war es wichtig, herkömmliche und günstige Zutaten zu verwenden. Diese haben wir so kombiniert, dass du neue Inspirationen für deinen studentischen Kochalltag erhältst. Da der Unialltag meistens eh schon voll genug und die Zeit knapp ist, wirst du für die meisten Rezepte nicht länger als 30 Minuten benötigen. Außer für die Specials, aber dazu kommen wir später. Zu manchen Rezepten haben wir Tipps hinzugefügt, um dich vom Einkauf bis zum Anrichten zu unterstützen, damit du das Beste aus deinem Kocherlebnis herausholen kannst.

KAPITELAUFTEILUNG

Die Rezepte sind in vier Kapitel gegliedert. Jedes spiegelt den Charakter eines von uns wider. In Kims Kapitel setzen wir klassische Zutaten in einen modernen Kontext. Wenn du Freunde erwartest oder die WG im italienischen Flair bekochen möchtest, wirst du bei Kili fündig. Bei Tim bieten wir kreative Freestyle-Küche und bei Fabi zeigen wir dir unter anderem, wie du einfache Gerichte aus der internationalen Sterneküche im eigenen Zuhause nachkochen und damit deine Freunde beeindrucken kannst.

SPECIALS

Jedes Kapitel enthält ein Special. Hierbei handelt es sich um Gerichte und Geschichten, die uns besonders am Herzen liegen und mit denen wir einiges verbinden. Deshalb kann es sein, dass du dafür etwas mehr als 30 Minuten einkalkulieren musst - es lohnt sich aber definitiv!

HILFSMITTEL

Damit alle Rezepte ganz einfach gelingen, solltest du in deiner WG oder Wohnung ein paar praktische Helfer griffbereit haben. Wir verwenden alle dieselben Geräte. Dazu zählen: eine Vierkantreibe, ein Wellholz (alternativ lässt sich problemlos eine leere Weinflasche ohne Etikett verwenden), ein Rührgerät, eine Kastenform und runde Kuchenform zum Backen, eine Waage, ein Messbecher, ein Stabmixer und ein feines Sieb. Selbstverständlich gehören ein scharfes Messer und ein großes Brett zur Grundausstattung. Für einige Rezepte benötigst du noch Backpapier, Frischhalte- oder Alufolie, aber die wirst du vermutlich sowieso in einer Schublade deiner Küche finden.

ADD-ON

Mit unseren Add-ons helfen wir dir, dein Gericht mal in andere geschmackliche Sphären zu heben. Diese Zugaben perfektionieren die Aromen und machen aus einem abwechslungsreichen Pausensnack oder leckeren Abendessen ein wahres kulinarisches Highlight. Da jedoch nicht in jedem studentischen Haushalt immer alle Gewürze vorhanden sind und wir deinen Einkaufszettel nicht zu sehr ausdehnen wollen, lassen wir dir die Wahl, ob du die Add-ons verwenden möchtest oder nicht.

UND DIE ZUTATENRESTE?

Wir haben darauf geachtet, dass aufgrund der Verpackungsgrößen möglichst wenig Zutaten übrig bleiben. Auf der jeweiligen Rezeptseite findest du Seitenverweise, wie du diese Reste weiterverwenden kannst. Denn das schont sowohl deinen Geldbeutel als auch die Umwelt.

REZEPTREGISTER

Hier sind alle Rezepte nach Namen gelistet. So bekommst du einen Gesamtüberblick und kannst direkt sehen, auf welcher Seite sie zu finden sind.

ZUTATENREGISTER

Es listet alle in diesem Kochbuch verwendeten Zutaten auf. Du hast noch eine Paprika und weißt nicht, was du damit machen könntest? Unter P wie Paprika sind alle Seiten aufgezählt, auf denen Gerichte mit Paprika stehen.

MACH ES ZU DEINEM BUCH

Wir möchten, dass unser Buch zu deinem ganz persönlichen Kochbuch wird. Falls du also Abwandlungen oder Ergänzungen hast, kannst du diese einfach auf die Rezeptseiten schreiben. Dieses Buch soll dein persönlicher Gourmet-Begleiter durch dein Studium werden. Benutze es, beschmutze es, knicke die Seiten, sei kreativ und wandle die Rezepte nach Belieben ab!

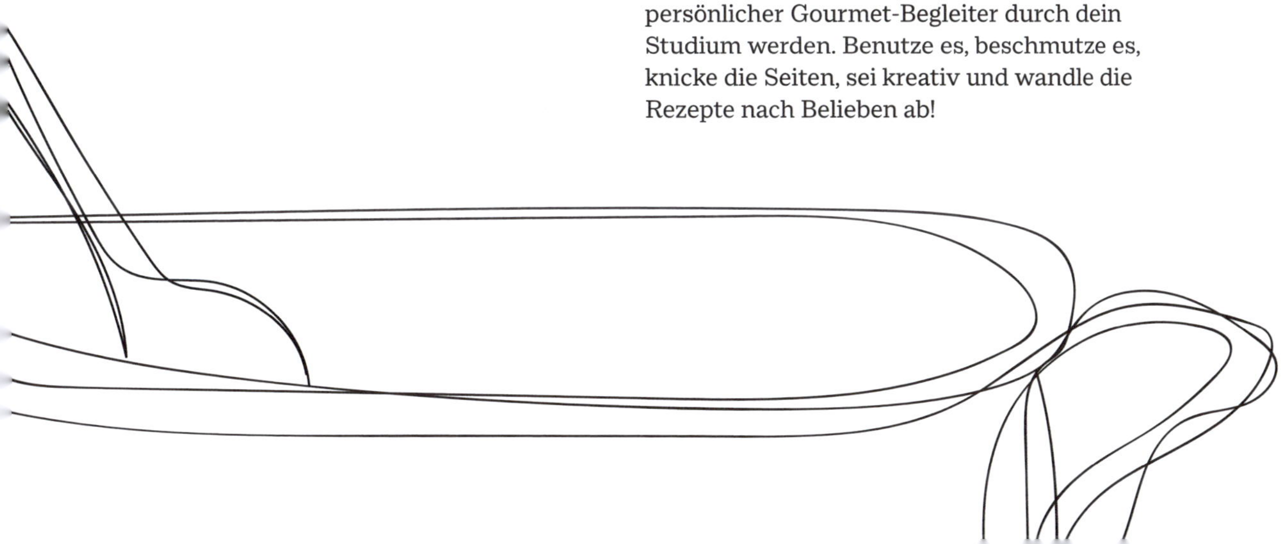

Flavours – Aromen, die nicht fehlen dürfen

Hier findest du eine Übersicht über die geschmacksgebenden Zutatengruppen, die wir in diesem Buch benutzen, um unseren Rezepten einen Kick zu verleihen. Wir haben solche ausgewählt, die in einer normalen Studentenküche zu finden oder einfach und günstig zu bekommen sind. Wir erklären, wie du damit richtig würzt und ein Gericht perfekt abschmeckst. Diese Kniffe kannst du natürlich auf jegliche Rezepte anwenden.

Sauer

Säure ist nicht gleich Säure! Verschiedene Produkte liefern uns unterschiedliche Säuren, die wir passend zu den Gerichten verwenden.

ZITRONE UND LIMETTE

Sie geben eine sehr geradlinige Säure, die eine besondere Spritzigkeit hervorruft. Deswegen benutzen wir sie in Rezepten, die schon stark gewürzt sind, oder für Desserts und Salate, denen noch eine frische Note fehlt.

WEISSER UND DUNKLER BALSAMICOESSIG

Er bringt eine sehr runde Säure mit sich, vor allem dunkler Balsamico gibt einem Gericht gleichzeitig süße und salzige Noten. Weißer Balsamico eignet sich durch die runde Säure besonders gut zum Nachschmecken von Salaten, Saucen und Eintöpfen.

WEISSWEIN

Er verleiht einem Gericht eine angenehme und geschmackvolle Säure. Sie entsteht, wenn der Wein verkocht wird, also muss er schon zu Beginn der Zubereitung eingesetzt werden. Zum finalen Abschmecken eignet er sich nicht.

Salzig

Unsere Gerichte benötigen immer eine angemessene Salzigkeit. Dazu möchten wir nicht nur mit normalem Salz würzen, sondern durch die Zugabe von würzigen Lebensmitteln zusätzlich noch ein Geschmacksvolumen aufbauen.

PARMESAN UND FETA

Sie bringen eine großartige Salznote ins Gericht und schaffen durch den reichhaltigen Geschmack nicht nur eine tolle Würze, sondern auch Bindung von Saucen. Mit diesen Käsesorten kannst du sehr gut nachwürzen, jedoch sind sie nicht für alle Rezepte passend.

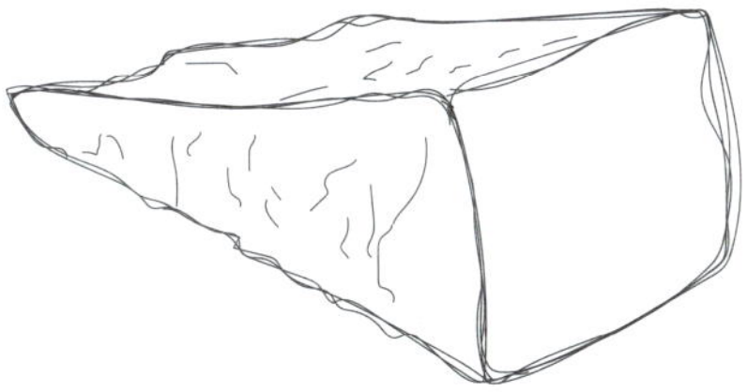

GEMÜSEBRÜHE

Ob flüssig aus dem Glas oder als Pulver bzw. Würfel mit heißem Wasser angerührt, bildet Gemüsebrühe eine super Grundlage für die Salzigkeit und Würzigkeit eines Gerichts. Sie kann eigentlich in jedem herzhaften Rezept verwendet werden, aber du musst beachten, dass du die Brühe immer nur zu Beginn oder während des Kochens einsetzt, weil sie sich zum Nachschmecken weniger eignet.

GETROCKNETE TOMATEN

Sie bringen sehr viel Volumen durch eine ausgewogene Würzigkeit und verleihen Rezepten den extra Kick. Sie passen aber nicht zu jedem Gericht.

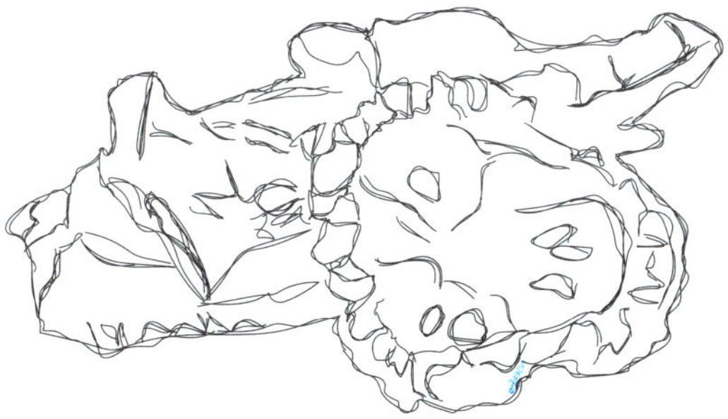

SOJASAUCE

Sie kann besonders durch die großartige Würze vielseitig eingesetzt werden. Bei der Dosierung solltest du aber etwas vorsichtig sein, da ein Gericht durch zu viel Sojasauce schnell versalzen ist.

Süß

Jedes Gericht braucht eine süße Komponente, um den Geschmack zu vollenden. Auch in herzhaften Gerichten spielt Süße eine wichtige Rolle, oft ist uns das jedoch nicht bewusst. Seien es die Zwiebeln in einer Sauce oder der Mais in einem Chili con carne, die süße Komponente gehört dazu.

GETROCKNETE CRANBERRYS

Wir finden sie extrem spannend. Sie stellen eine tolle Süße-Säure-Komponente dar, die einem Gericht das besondere Etwas gibt. Besonders cool machen sie sich in Eintöpfen, Currys oder Salaten.

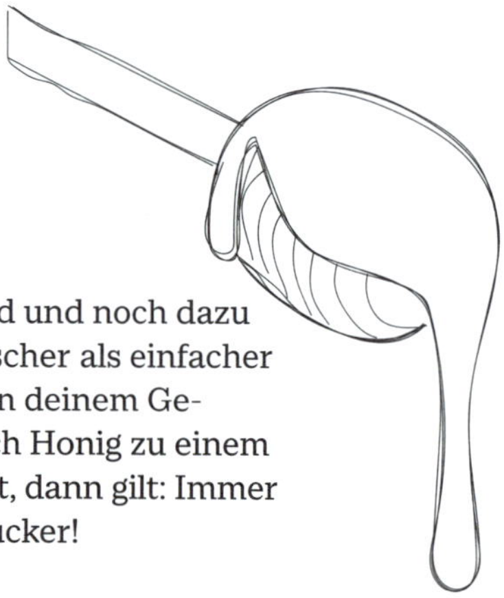

HONIG

Super gesund und noch dazu viel aromatischer als einfacher Zucker. Wenn deinem Geschmack nach Honig zu einem Gericht passt, dann gilt: Immer Honig vor Zucker!

OBST

Unserer Meinung nach sollte in fast jedem Gericht eine Obstsorte verwendet werden. Die natürliche Fruchtsüße verleiht jedem Gericht eine vollendende Note, die es abrundet und zu etwas Besonderem macht.

Scharf

Scharf ist nicht gleich scharf! Es geht um die richtige Dosierung und den überlegten Einsatz von Schärfe und nicht um den sinnlosen Versuch, ein Gericht mit Cayennepfeffer oder Chilipulver ungenießbar zu machen.

PFEFFER

Ihn gibt es in verschiedenen Farben, er gehört zu den Standardgewürzen und das nicht ohne Grund. Die Pfeffernoten sind besonders aromatisch und bilden die perfekte Basis für viele Gerichte. Aber, Achtung! Pfeffer besitzt eine Schärfe, die mit feinen Zutaten wie beispielsweise Fisch nicht besonders gut harmoniert.

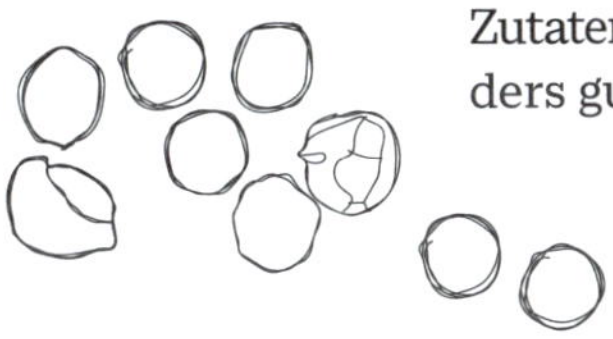

FRISCHE CHILISCHOTE, CHILIPULVER ODER CAYENNEPFEFFER

Alle drei geben deinem Gericht eine angenehme nachwirkende Schärfe. Vorsicht beim Würzen! Denn die Schärfe benötigt eine kurze Weile, um sich zu entfalten, also nach und nach zugeben! Alle drei Gewürze eignen sich besonders gut, um in Saucen und Eintöpfe ein bisschen Finesse einzubringen.

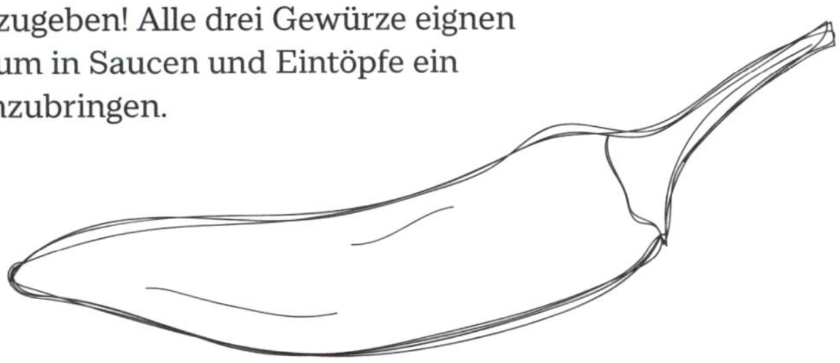

Ravensburg – die Stadt der Türme und Tore. In dieser kleinen Stadt wohnen wir zum Glück sehr nah beieinander. Ob einkaufen oder shoppen gehen, der tägliche Gang zur Hochschule, in kleinen Cafés und Kneipen sitzen und ein Glas Wein genießen oder abends feiern gehen – das alles können wir zu Fuß machen. Und wenn der Marienplatz im Sommer einen Geräuschpegel wie im Süden annimmt, dann fühlen wir uns wie im Urlaub.

Der riesige Markt am Samstag, der sich durch die gesamte Stadt zieht, ist bei uns das Highlight der Woche. Dann kaufen wir Käse, Aufstrich, Eier, Brötchen und frisches Obst und genießen ein leckeres Frühstück – wenn's geht auf dem Balkon.

Kims Heimatliebe

Willkommen in meinem Kapitel, das sich um meine »Heimatliebe« dreht. Zugegeben, der Begriff klingt etwas altmodisch, aber keine Sorge: Hier setzen wir traditionelle Zutaten in einen modernen Kontext. So entstehen außergewöhnliche Gerichte, die du unbedingt probieren solltest.

In diesem Herzensprojekt konnte ich meine Leidenschaft zu gutem Essen und gutem Design perfekt vereinen. Ich war hauptsächlich für die Gestaltung dieses Buchs verantwortlich. Dabei ging es aber nicht nur um Farben, Texte und Illustrationen und wie wir diese kombinieren. Sondern auch darum, unsere Gerichte schön in Szene zu setzen. Dafür überlegten wir, in welchen Locations, mit welchen Untergründen und - mein Lieblingspart - mit welchem Geschirr wir die Gerichte fotografieren.

Doch zurück zum Thema: Wieso »Kims Heimatliebe«? Aufgewachsen bin ich in einem kleinen schwäbischen Dorf. Direkt neben unserem Haus befindet sich der große Garten meiner Oma. Dort baut sie mit ihren über 80 Jahren nach wie vor sehr viel Gemüse an. Im Frühjahr erntet sie ihre selbst gepflanzten Bohnen, aus denen sie das typisch schwäbische Gericht »Bohnen mit Spätzle« kocht. Wie das geht, zeige ich dir in meinem Special. Daneben wachsen dort herrliche Quitten-, Holunder-, Pfirsich- und Pflaumenbäume. Schon als ich ganz klein war, ernteten wir gemeinsam, um danach die unterschiedlichsten Köstlichkeiten aus den leckeren Früchten zu zaubern. Meine Mama zeigte mir, wie ein klassisches Quittengelee oder leckerer Pflaumenkuchen mit Sahne am besten gelingen. Als ich älter wurde, kreierte ich auf diesen Grundlagen meine eigenen Variationen. So entstand beispielsweise eine Quittenmarmelade, verfeinert mit Zimt und Rum. Aus den Pflaumen kochte ich ein Chutney, das wun-

»Durch den Garten habe ich vor allem gelernt, frisch und nach Saison zu kochen. Diese beiden wichtigen Punkte setze ich auch bei meinen täglichen Gerichten im Studium konsequent um.«

derbar zu Käse passt. Und aus Holunder entstanden spritzige Limonaden. Ständig wollte ich neue Leckereien ausprobieren.

Der Garten bot mir dafür die perfekten Voraussetzungen. Dort fand ich all die Zutaten, um meine Rezeptideen ausleben zu können. Dabei habe ich vor allem gelernt, frisch und saisonal zu kochen. Diese beiden wichtigen Punkte setze ich auch in meinen täglichen Gerichten im Studium konsequent um. Ich koche gerne auf Vorrat. Denn wenn es einmal sehr schnell gehen muss, kann ich darauf zurückgreifen und habe in kürzester Zeit ein leckeres Essen auf dem Tisch.

Neben dem Kochen gehört meine große Leidenschaft dem Backen. Das habe ich zu 100 Prozent meiner Mama zu verdanken, denn sie hat gemeinsam mit uns Kindern sehr, sehr viel gebacken. Ständig durfte ich im Teig matschen, ihn probieren, Plätzchen ausstechen und Schneckennudeln formen. Vor einigen Jahren eröffneten wir wie erwähnt unser eigenes kleines Frühstückscafé, indem wir diese Liebe zum Backen gemeinsam ausleben durften. Deshalb haben sich in mein Kapitel ein paar Frühstücks- und Backrezepte eingeschlichen, mit denen ich dir deinen Studierendenalltag etwas versüßen möchte.

Mit diesem Kapitel möchten wir dich inspirieren, neue Geschmackskombinationen auszuprobieren, die du vielleicht noch nicht kennst. Sei offen und trau dich - ich bin mir sicher, du wirst überrascht sein, was alles möglich ist. Nun wünsche ich dir ganz viel Spaß beim Backen, Kochen und Ausprobieren.

VEGAN | GLUTENFREI | LAKTOSEFREI

Kokosmilchreis mit Mango-Chutney

30 MINUTEN

FÜR ZWEI

400 ml Kokosmilch
2 EL Zucker
120 g Milchreis
1 Limette

TOPPING

Mango-Chutney oder flambierte Kirschen von Seite 82

MANGO-CHUTNEY

15 g Ingwerwurzel
½ Chilischote
½ Limette
25 ml Apfelessig
1 Mango (etwa 500 g)
30 g Zucker

SO GEHT'S

Zuerst bringst du die Kokosmilch, den Zucker und den Reis in einem Topf zum Kochen. Danach das Ganze auf niedriger Stufe etwa 25 Minuten quellen lassen – und entsprechend Omas Tipp: nicht umrühren! Falls der Reis doch anbrennen sollte, nicht weiter rühren, sondern ihn gleich in einen anderen Topf umfüllen und weiter garen.

Währenddessen kannst du schon mal das Mango-Chutney zubereiten. Dafür den Ingwer schälen und in dünne Streifen schneiden. Die Chilischote halbieren, die Kerne vorsichtig herauslösen und ebenfalls in dünne Streifen schneiden. Die Limette auspressen und mit dem Apfelessig verrühren. Die Mango in kleine Stücke schneiden. Den Zucker vorsichtig im Topf erhitzen, bis er flüssig ist. Dann gibst du die Ingwer- und Chilistreifen dazu. Sofort mit der Limetten-Essig-Mischung ablöschen und alles 2–3 Minuten kochen lassen. Die Mangostücke dazugeben und unter häufigem Rühren 5 Minuten köcheln lassen. Wenn nötig, gibst du 1 EL Wasser dazu. Fertig ist das Chutney.

Nun schmeckst du den Milchreis mit dem Saft der Limette ab und richtest ihn gemeinsam mit dem Mango-Chutney in einer Schüssel an.

TIPP

Statt Kokosmilch kannst du für die klassische Variante Milch verwenden. Vor dem Servieren mit Zimt und Zucker bestreuen – ein Traum! Was sehr praktisch ist: Im Kühlschrank halten sich der Kokosmilchreis und das Mango-Chutney einige Tage. Letzteres passt auch super zu würzigem Käse oder gebratenem Fleisch.

Milchreis ist ein typisches Gericht, das es in meiner Kindheit immer nur bei meiner Oma gab – und zwar zum Nachtisch. Nach einem herzhaften, schwäbischen Essen kam diese süße, gehaltvolle Speise auf den Tisch. Meine Oma nannte sie Reisbrei. Dieser bestand aus einer sehr dicken, festen Masse. Er wurde im Kühlschrank aufbewahrt und kalt serviert. Zugegebenermaßen zählte er nie zu meinen Favoriten. Ich hatte dieses Gericht auch nie selbst gemacht, bis ich vor ein paar Jahren in einem Hamburger Restaurant einen extrem leckeren Milchreis vom Frühstücksbüfett probierte. Er hatte einen genialen Geschmack und genau die richtige Konsistenz. Wieder zu Hause habe ich mich gleich an den Herd gestellt, so ist dieses Rezept entstanden. Super ist, dass du den Milchreis einen Tag vorher kochen und dann mit in die Uni nehmen kannst.

Apfel-Rote-Bete-Porridge

10 MINUTEN

Vielleicht kennst du Rote Bete nur als Gemüse in deftigen Gerichten, doch es geht auch süß! Gerade an Tagen, an denen du von zu Hause aus studierst oder am Schreibtisch lernen musst, ist dieses Frühstück ein schön warmer, leckerer und vor allem gesunder Start in den Tag. Denn die Rote Bete enthält viel Folsäure und Eisen und stärkt dadurch das Immunsystem.

FÜR EINE*N

2 TL Zucker
80 g zarte Haferflocken
1 rohe kleine Rote Bete (etwa 100 g)
1 roter Apfel
Salz
2 EL Zitronensaft
1 EL flüssiger Honig

ADD-ON

2 EL Naturjoghurt
½ TL Zimtpulver
Walnusskerne oder Pekannusskerne

SO GEHT'S

Als Erstes kochst du 250 ml Wasser mit dem Zucker im Topf auf und gibst die Haferflocken dazu. Alles 2 Minuten köcheln lassen und anschließend vom Herd nehmen. Die Rote Bete schälen und anschließend mit dem Apfel fein reiben und zu den Haferflocken geben. Alles kräftig verrühren und mit 1 Prise Salz, dem Zitronensaft und dem Honig abschmecken.

Den Porridge in eine Schüssel geben und nach Belieben mit Joghurt und Zimt garnieren. Auch ein paar Nusskerne als Topping schmecken super dazu.

TIPP

Am besten wäschst du dir nach dem Reiben der Roten Bete sofort die Hände oder du trägst Einweghandschuhe, damit sich deine Hände nicht pink verfärben.

Granola-Trilogie

JEWEILS 10 MINUTEN + 8-10 MINUTEN IM BACKOFEN

FÜR JEWEILS 500 G

QUINOA-KNUSPER-GRANOLA

150 g Haselnusskerne
50 g getrocknete Cranberrys
80 g Sonnenblumenkerne
150 g Kürbiskerne
30 g Kokosraspel
50 g gepuffter Quinoa
5 EL Sonnenblumenöl
3 EL flüssiger Honig
1 TL Zimtpulver
1 Päckchen Vanillezucker (8 g)
Abrieb von 1 unbehandelten Zitrone

SCHOKO-ERDNUSS-GRANOLA

150 g gesalzene Erdnusskerne
100 g Zartbitterschokolade
250 g kernige Haferflocken
5 EL Kakaopulver
5 EL Erdnussbutter
7 EL Sonnenblumenöl
10 EL flüssiger Honig
2 Päckchen Vanillezucker (16 g)

KICHERERBSEN-BROMBEER-GRANOLA

380 g Kichererbsen aus der Dose
2 ½ EL flüssiger Honig
1 TL Zimtpulver
5 EL Sonnenblumenöl
60 g Brombeeren
70 g Nusskerne (z.B. Kürbis-, Walnuss-, Mandel-, Cashewkerne)
20 g Haselnusskerne

*Wenn es morgens mal wieder ganz schnell gehen muss, dann ist Granola eine super Variante, noch fix ein leckeres Frühstück zu zaubern. Ich nehme es gerne in meiner Müsli-to-go-Box mit, die oben ein extra Fach für trockene Zutaten und frische Früchte hat. So kann ich in der Uni das Granola noch knusprig mit dem Joghurt und den Früchten genießen. Toll an Granola sind auch die vielen Kombinationsmöglichkeiten und das jede*r ganz nach Vorlieben ein eigenes Lieblings-Granola kreieren kann. Und auch viele Reste aus deiner Küche finden darin Platz.*

Quinoa-Knusper-Granola

Heize zuerst den Ofen auf 180 °C Umluft vor. Hacke die Nusskerne und die Cranberrys grob und vermische sie mit den Sonnenblumen- und Kürbiskernen, den Kokosraspeln und dem Quinoa in einer Schüssel. Das Öl mit dem Honig leicht erwärmen und den Zimt, den Vanillezucker und den Zitronenabrieb dazugeben. Die Masse ebenfalls in die Schüssel geben und alles gründlich vermengen. Verteile die Masse auf ein Backblech und backe sie im vorgeheizten Backofen 8-10 Minuten. Zwischendurch einmal umrühren.

Schoko-Erdnuss-Granola

Heize zuerst den Ofen auf 180 °C Umluft vor. Die Erdnusskerne und die Zartbitterschokolade grob hacken und gemeinsam mit den Haferflocken und dem Kakaopulver in eine Schüssel geben. Die Erdnussbutter, das Öl, den Honig und den Vanillezucker in einem Topf erwärmen. Die Masse in die Schüssel geben und alles gründlich vermischen. Verteile die Masse auf ein Backblech und backe sie im vorgeheizten Backofen 8-10 Minuten. Zwischendurch einmal umrühren.

Kichererbsen-Brombeer-Granola

Heize zuerst den Ofen auf 180 °C Umluft vor. Die Kichererbsen in einem Sieb gründlich abspülen und auf einem Küchenpapier trockentupfen. In einem Topf 1 TL Honig, den Zimt und 1 EL Öl erwärmen und die Kichererbsen darin schwenken. Alles auf ein Backblech geben und im vorgeheizten Backofen 30 Minuten backen bzw. trocknen lassen. Die Brombeeren zerkleinern und gemeinsam mit dem übrigen Honig und Öl im Topf erhitzen. Alle Nusskerne grob hacken, mit den Kichererbsen vermischen. Die Brombeermasse darübergeben und vermischen. Alles auf ein Backblech geben und weitere 20 Minuten im Ofen backen.

TIPP

Abgefüllt in einem schönen Schraubglas hält sich das Granola einige Wochen und eignet sich als wunderbares Mitbringsel, wenn du eingeladen wirst – oder einfach jemandem eine gesunde und leckere Freude machen möchtest.

VEGETARISCH | GLUTENFREI | LAKTOSEFREI

Best of Salatdressings

JEWEILS 5 MINUTEN

Salatsaucen sind für mich ein leidiges Thema. Zugegeben, ich wurde zu Hause etwas verwöhnt, denn wir hatten im Kühlschrank meist eine Flasche mit selbst gemachter Salatsauce stehen. Das war natürlich super praktisch und ging schnell. Denn während des Kochens auch noch Salat zu putzen und eine Sauce zu machen - die auch noch schmeckt! -, das fand ich immer zu anstrengend. Deshalb kommt hier nun das langjährig erprobte Salatsaucenrezept, das meine Mama immer auf Vorrat macht. Super praktisch also für einen schnellen Salat als Beilage.

Um ein leckeres Salatdressing selbst zu machen, musst du folgende vier Komponenten nach Geschmack kombinieren:

SÄURE | Essig (z.B. Apfel-, Weißwein-, Balsamico-, Fruchtessig) oder Zitrone

FETT | z.B. Sonnenblumen-, Olivenöl, Tahin, Nussbutter, Avocado

BINDEMITTEL | z.B. Senf, Honig, Ahornsirup

GESCHMACKSTRÄGER | z.B. Gewürze, Kräuter, Knoblauch, Kurkuma, Ingwer, Chili

Mamas Salatsauce

FÜR 200 ML

2 Zehen Knoblauch
60 ml Sonnenblumenöl
80 ml weißer Balsamicoessig
15 g mittelscharfer Senf
2 TL flüssiger Honig
2 TL Salatkräuter deiner Wahl

Die Knoblauchzehen abziehen, fein hacken, mit den restlichen Zutaten und 25 ml Wasser in einer Schüssel mischen und mit einem Schneebesen verrühren. Die Sauce in eine Glasflasche füllen.

TIPP

Im Kühlschrank hält sich die Sauce 2–3 Wochen. Vor dem Verzehr vorsichtig schütteln. Sie lässt sich auch ganz einfach zu einer Joghurtsauce abwandeln. Dazu gibst du eine beliebige Menge vom Dressing in eine Schüssel und rührst etwas Schmand oder Naturjoghurt ein - fertig ist die weiße Salatsauce. Wichtig ist, dass du Schmand oder Joghurt immer erst bei Bedarf untermischst, sonst hält sich die Sauce nicht so lange im Kühlschrank.

Avocado-Basilikum-Dressing

FÜR 100 ML

½ Zitrone
½ Avocado
10 Blätter Basilikum
2 TL flüssiger Honig
2 EL Olivenöl
½ TL Salz
1 Zehe Knoblauch

Die Zitrone auspressen und zusammen mit allen Zutaten, bis auf den Knoblauch, mit 8 EL Wasser in ein hohes Gefäß geben und mit dem Stabmixer pürieren. Nun den Knoblauch abziehen, fein hacken, dazugeben und mit einem Löffel unterrühren.

TIPP

Die Avocado kannst du perfekt für den Green Detox-Smoothie von Seite 66 oder den Avocado-Koriander-Dip von Seite 151 verwenden.

Brombeer-Dressing

FÜR 100 ML

100 g Brombeeren oder Beerenmix
3 TL flüssiger Honig
1 EL weißer Balsamicoessig
2 EL Sonnenblumenöl
½ TL Salz

Alle Zutaten in ein hohes Gefäß geben und mit dem Stabmixer pürieren.

Levante-Sesam-Dressing

FÜR 100 ML

1 Limette
1 Zehe Knoblauch
2 EL Tahin (Sesampaste)
2 TL flüssiger Honig
1 EL gehackter frischer oder getrockneter Dill
4 EL Olivenöl
½ TL Salz

Die Limette auspressen, den Knoblauch abziehen und fein hacken. Alle Zutaten bis auf den Knoblauch mit 4 EL Wasser in ein hohes Gefäß geben und mit dem Stabmixer pürieren. Nun den Knoblauch dazugeben und mit einem Löffel vermengen.

Linsen-Granatapfel-Salat

20 MINUTEN

Diese außergewöhnliche Kombination ist eine leckere, erfrischende Mahlzeit für heiße Tage. Der Salat lässt sich super einen Tag vorher zubereiten, kann über Nacht ziehen und eignet sich als To-go-Variante oder als Beilage zu Fisch.

FÜR EINE*N

Salz
100 g rote Linsen
50 ml Gemüsebrühe
1 EL Olivenöl
1 EL weißer Balsamicoessig
Zucker
gemahlener Pfeffer
½ Granatapfel
2 EL Cashewkerne, grob gehackt
2 Stängel frische glatte Petersilie
100 g Feta

SO GEHT'S

250 ml Wasser mit einem ½ TL Salz aufkochen. Währenddessen die roten Linsen in einem Sieb abwaschen. Sobald das Wasser kocht, die Linsen darin 3 Minuten kochen. Danach in ein Sieb abgießen und abkühlen lassen.

In einer Schüssel die Gemüsebrühe mit dem Olivenöl, dem Balsamico, jeweils 1 Prise Salz, Zucker und Pfeffer verrühren. Die roten Linsen zufügen und gut vermengen.

Die Granatapfel- und die Cashewkerne hinzugeben. Den Salat anrichten, die grob geschnittene Petersilie darüberstreuen und den Feta darüberbröseln. Guten Appetit!

TIPP

Den restlichen Granatapfel und übrig gebliebenen Feta kannst du perfekt für die Ofen-Quesadillas von Seite 124 verwenden. Ansonsten kannst du den Feta auch für das Griechischer-Salat-Sandwich von Seite 70, den Rote-Bete-Brombeer-Salat von Seite 142 oder die Shakshuka von Seite 156 verwenden.

Apfel-Sellerie-Suppe

25 MINUTEN

Apfel in einer Suppe? Mag zuerst komisch klingen, doch schon der erste Löffel davon hat meine WG überzeugt. Dies ist eine wunderbar leichte Suppe und eignet sich ideal als Vorspeise oder kleines Abendessen. Übrigens eine tolle Variante, deine überreifen Äpfel zu verarbeiten.

FÜR ZWEI

2 weiße Zwiebeln
1 mittelgroßer Knollensellerie (etwa 400 g)
2 rote Äpfel
2 EL Sonnenblumenöl
100 g Butter
1 TL Salz
100 ml Weißwein
400 ml Gemüsebrühe
200 g Sahne
1 EL weißer Balsamicoessig
1 EL Olivenöl

SO GEHT'S

Die Zwiebeln abziehen und in Streifen schneiden, den Sellerie und 1,5 Äpfel schälen und in Würfel schneiden. Das Sonnenblumenöl und die Butter in einem Topf erhitzen und die Zwiebeln darin anschwitzen. Dabei darauf achten, dass sie nicht braun werden.

Die Apfel- und Selleriewürfel dazugeben, mit ½ TL Salz würzen und kurz mitbraten. Diese sollten ebenfalls nicht braun werden, damit die Suppe ihre schön weiße Farbe behält.

Die Zutaten mit dem Weißwein ablöschen und kurz einkochen lassen. Anschließend die Gemüsebrühe hinzugeben, sodass alle Zutaten mit Flüssigkeit bedeckt sind. Die Suppe nun für etwa 15 Minuten köcheln lassen, bis alle Zutaten weich gekocht sind.

Jetzt die Sahne hinzugeben und alles einmal aufkochen lassen, danach die Suppe heiß pürieren. Mit ½ TL Salz abschmecken. Den restlichen Apfel in feine Scheiben schneiden oder hobeln, mit dem Balsamico marinieren und damit die Suppe garnieren. Am Ende Olivenöl über die Suppe träufeln - und fertig.

Kürbis-Paprika-Pfanne mit Reis

40 MINUTEN

Sobald die Kürbisse bei mir zu Hause im Garten reif sind, leiten wir mit diesem schnellen herbstlichen Gericht die Kürbissaison ein. Schon so einige Kürbisse haben es bis in meine WG nach Ravensburg geschafft. Mit dieser Kürbis-Pfanne bekommst du im Handumdrehen eine große Gruppe satt.

FÜR VIER

½ Kürbis (z. B. Hokkaido)
1 Stange Lauch
2 Paprikaschoten
2 weiße Zwiebeln
2 Zehen Knoblauch
10 g frische Ingwerwurzel
4 EL Olivenöl
2 TL Zucker
2 TL Salz
gemahlener Pfeffer
250 ml trockener Weißwein
2 EL Kürbisgewürz (Rezept im Tipp)
250 g Basmatireis
400 g gehackte Tomaten aus der Dose

ADD-ON

4 Stängel frische Petersilie
50 g Kürbiskerne

SO GEHT'S

Zuerst den Kürbis waschen, das obere und untere Ende entfernen und mit der Schale (sofern Hokkaido verwendet) in mundgerechte, schmale Stücke schneiden. Den Lauch und die Paprika in Streifen schneiden. Die Zwiebeln und den Knoblauch abziehen, den Ingwer schälen und alles fein würfeln.

In einer Pfanne das Olivenöl erhitzen. Die Zwiebeln, den Knoblauch, den Ingwer, die Paprika, den Lauch und den Kürbis in die Pfanne geben, mit dem Zucker, dem Salz und etwas Pfeffer würzen und etwa 8 Minuten anschwitzen. Alles mit dem Weißwein ablöschen und das Kürbisgewürz unterrühren. Den Weißwein 5 Minuten einkochen lassen.

Jetzt kannst du schon den Reis nach Packungsanleitung bissfest garen. Währenddessen die gehackten Tomaten zum Kürbisgemüse geben und alles 10 Minuten bei mittlerer Temperatur köcheln lassen. Der Kürbis sollte nun gar sein.

Den fertigen Reis auf einen Teller geben und das gekochte Kürbisgemüse darüberverteilen. Wenn du magst, kannst du das Gericht mit gehackter Petersilie und Kürbiskernen bestreuen.

TIPP

Besonders die Gewürze machen dieses Gericht so schmackhaft. Dafür kannst du deine eigene Mischung zusammenstellen, ich nehme: 1 TL Paprika, 1 TL Kurkuma, 1 TL Kreuzkümmel, ½ TL Zimt und ½ TL Chili, vermische alles und schon ist es fertig! Das Kürbisgewürz passt auch zu allen anderen Rezepten mit Kürbis aus diesem Kochbuch.

Den restlichen Kürbis kannst du perfekt für den Kürbis-Nudel-Gorgonzola-Auflauf von Seite 113 oder den Mediterranen Ofen-Kürbis mit Feta von Seite 126 verwenden!

Mein absolutes Lieblingsessen

kennt fast keiner – außer denen, die aus dem Schwabenland kommen. Seit ich denken kann, sind Bohnen mit Spätzle mein absolutes Lieblingsessen – niemand kocht es besser als meine Oma Irma. Deshalb haben wir gemeinsam den Kochlöffel geschwungen und dabei hat sie mir gezeigt, wie das Gericht so richtig gut wird.

Meine Oma ist die Kochgöttin schlechthin, aber das sagt vermutlich jede*r über seine Oma. Bei Oma schmeckt's halt am besten. Ich glaube, dass sie den größten Esstisch hat, den ich kenne. Früher hat sie ihre sechsköpfige Familie bekocht, heute sind wir über 20 Personen, wenn alle zu Besuch kommen. Zu jeder Familienfeier sitzt unsere Großfamilie an diesem Tisch zusammen und wird von Oma geschmacklich verwöhnt. Im Sommer gibt es fast wöchentlich Bohnen mit Spätzle. Dafür baut sie die Bohnen natürlich selbst im Garten an. Aus ihnen wird eine leckere Sauce gekocht, die anschließend über die Spätzle kommt. Dazu gibt es Saitenwürstchen. Das mag jetzt für viele merkwürdig klingen, aber probiert es einfach mal aus! Als ich Fabi von diesem Rezept ein Bild zeigte, schaute er mich mit großen Augen an und meinte, dass ich es niemals ins Kochbuch nehmen könne. Zugegeben, es war nicht einfach, dieses Gericht schön darzustellen, es wird nie einen Schönheitswettbewerb gewinnen, aber hier kommt es auf die inneren Werte an. Und deshalb bin ich froh, dass ich es dir vorstellen darf. Falls es deine Zeit nicht erlaubt, kannst du die Spätzle einfach kaufen (Kühlregal) oder eine große Menge Spätzle herstellen und portionsweise einfrieren.

Bohnen mit Spätzle und Saitenwürstchen

60 MINUTEN, WENN MAN DIE SPÄTZLE FRISCH ZUBEREITET

FÜR VIER

Salz
800 g frische grüne Busch- oder Stangenbohnen
2 weiße Zwiebeln
50 g Butter
25 g Mehl
frisch gemahlener Pfeffer
4 Saitenwürstchen (manche sagen Wiener)
600 g frische Spätzle (selbst gemacht oder aus dem Kühlregal)

ADD-ON

3 Stängel frisches Bohnenkraut
weißer Essig

SPÄTZLETEIG

250 g Weizenmehl (Type 405)
2 Eier
1 TL Salz

SPEZIAL EQUIPMENT

Spätzlepresse oder -hobel

SO GEHT'S

2 l Wasser aufkochen und kräftig salzen. Die Bohnen inzwischen waschen, jeweils die Enden abschneiden und im Salzwasser mit dem Bohnenkraut 5–10 Minuten bissfest kochen. Währenddessen kannst du für die selbst gemachten Spätzle alle Zutaten mit 125 ml Wasser in eine Schüssel geben und zu einem zähen, glatten Teig aufschlagen. Am besten geht das mit einem Rührlöffel oder mit den Knethaken einer Küchenmaschine. Den Teig abdecken und für später zur Seite stellen.

Danach die Bohnen abgießen, wobei ganz wichtig ist, dass du die Flüssigkeit in einem Behälter auffängst. Die Zwiebeln abziehen, in kleine Würfel schneiden und in einer Pfanne bei mittlerer Temperatur mit der Butter anschwitzen. Das kann etwa 10 Minuten dauern, denn darin liegt das Geheimnis: Je länger die Zwiebeln in der Butter schwitzen, desto mehr Geschmack geben sie der Sauce. Nun das Mehl über die Zwiebeln streuen, die Temperatur etwas erhöhen und kräftig rühren, bis alles braun wird und das Mehl am Boden des Topfes haften bleibt und dunkel wird. Das wird übrigens Einbrenne genannt. Jetzt die Zwiebeln mit 400 ml des aufgefangenen Bohnenwassers ablöschen und kräftig rühren. Durch die Einbrenne wird die Sauce jetzt dick.

Die gekochten Bohnen zur Sauce geben, kurz aufkochen lassen und mit Salz und Pfeffer abschmecken. Einen Schuss Essig kannst du nach Belieben dazugeben. Meine Oma würzt ihre Bohnen außerdem mit einem Schuss Maggi und Gemüsebrühpulver. Die Saitenwürstchen gibst du entweder in die Sauce oder in einen separaten Topf mit siedendem Wasser und lässt sie 5 Minuten ziehen.

Nebenbei einen großen Topf mit Wasser aufkochen und kräftig salzen. Nun einen Teil des Spätzleteigs in die Spätzlepresse füllen, in das Wasser pressen und mit einer Gabel umrühren, sodass nichts am Topfboden kleben bleibt. Das Wasser muss immer sprudelnd kochen, solange du die Spätzle hineingibst. Sobald sie hochsteigen, hebst du sie mit einem Schaumlöffel heraus in ein Sieb. Jetzt kannst du das Gericht anrichten und servieren. Ich wünsche dir guten Appetit und bin gespannt, wie es dir schmeckt.

Rote-Bete-Knödel mit Salat

25 MINUTEN + 50 MINUTEN IM TOPF

Wenn ich mal Brot zu Hause habe, dann bleibt meistens ein Stück übrig, das nicht gegessen wird. Deshalb werden diese Reste über einen längeren Zeitraum gesammelt, bis Knödel daraus gemacht werden können. Die Rote-Bete-Knödel sind ein super Rezept dafür - zusätzlich sehen sie durch ihre rote Farbe grandios aus.

FÜR VIER

300 g frische Rote Bete
100 g Schmand
3 Eier
Salz
frisch gemahlener Pfeffer
Zucker
1 weiße Zwiebel
50 g Butter
3 EL dunkler Balsamicoessig
300 g altes Brot, klein gewürfelt

ADD-ON

gehackte Haselnusskerne
30 g Butter

FÜR DEN SALAT

2 Handvoll deines Lieblingssalates
Salatdressing deiner Wahl

SO GEHT'S

Zunächst die rohe Rote Bete ungeschält in Salzwasser etwa 30-40 Minuten ganz weich kochen und danach schälen. Püriere die gewürfelte Rote Bete mit dem Schmand und den Eiern und würze die Masse mit etwas Salz, Pfeffer und Zucker. Die Zwiebel abziehen und würfeln und mit der Butter in einer Pfanne glasig anschwitzen. Würze das Ganze mit etwas Zucker und Salz nach und lösche es danach mit dem Balsamico ab.

Die Brotwürfel gibst du in eine große Schüssel und darüber die angebratenen Zwiebeln und die Hälfte der Rote-Bete-Masse. Vermenge das Ganze. Danach den Rest der Masse kräftig mit dem Gemisch verkneten, bis alles eine schön feste Konsistenz hat, ansonsten noch etwas Semmelbrösel oder Mehl untermengen. Forme nun etwa zwölf kleine Knödel daraus.

Bringe 2 l Wasser in einem Topf zum Kochen und salze es kräftig. Die Knödel in das Wasser geben, die Temperatur zurückdrehen, sodass das Wasser nicht mehr kocht. Die Knödel sollten 10-15 Minuten im heißen Wasser ziehen.

Währenddessen kannst du den Salat waschen und ihn mit dem Dressing deiner Wahl marinieren. Wenn die Knödel fertig sind, holst du sie mit einer Schöpfkelle oder einem großen Löffel aus dem Topf. Wenn du magst, kannst du sie jetzt noch in einer Pfanne mit Butter und gehackten Haselnusskernen schwenken.
Den Salat auf einen Teller geben und die fertigen Knödel entweder ganz, oder halbiert auf den Salat setzen.

TIPPS

Am besten wäschst du dir nach dem Zerkleinern der roten Bete sofort die Hände oder du trägst dafür Einweghandschuhe. Die Knödel sind etwas aufwendig. Zum Glück lassen sie sich super einfrieren, um in stressigen Zeiten ein leckeres Gericht in wenigen Minuten daraus zu zaubern. Nachdem du die Knödel aus dem Wasser geholt hast, lässt du die überzähligen abkühlen und frierst sie portionsweise ein. Den restlichen Schmand kannst du für die Süßkartoffelkumpir mit Gorgonzola und Speck von Seite 78, die Kartoffelpfanne aus dem Ofen von Seite 86 oder den Brotaufstrich Toskana von Seite 102 verwenden.

Rote-Linsen-Eintopf mit Feta und Naan-Brot

35 MINUTEN + 10 MINUTEN FÜR DAS NAAN-BROT

FÜR VIER

1 Zwiebel
2 Zehe Knoblauch
3 EL Sonnenblumenöl
250 g rote Linsen
1 TL gemahlener Kreuzkümmel
2 EL Currypulver
1 EL Paprikapulver
800 g gehackte Tomaten aus der Dose
250 ml Gemüsebrühe
250 g frischer Blattspinat oder Tiefkühl-Spinat
Salz
Zucker
frisch gemahlener Pfeffer
200 g Feta

ADD-ON

Chilipulver

FÜR VIER GROSSE NAAN-FLADEN

130 ml Milch
200 g Weizenmehl (Type 405 oder 550)
½ TL Salz
½ Päckchen Backpulver (ca. 8 g)
2 EL Olivenöl

SO GEHT'S

Zuerst die Zwiebel abziehen und würfeln, auch die abgezogenen Knoblauchzehen fein hacken. Das Sonnenblumenöl in einen erhitzten Topf geben und die Zwiebel darin anschwitzen. Dann den Knoblauch und die roten Linsen dazugeben und 2 Minuten anbraten. Nun den Kreuzkümmel, das Curry- und das Paprikapulver zugeben und weitere 2 Minuten mitbraten. Alles mit den stückigen Tomaten und der Gemüsebrühe ablöschen. Falls du Tiefkühl-Spinat verwendest, gib ihn an dieser Stelle hinzu. Schmecke den Eintopf mit Salz, Zucker und Pfeffer ab und lasse ihn auf mittlerer Stufe mit geschlossenem Deckel etwa 15 Minuten köcheln, bis die Linsen weich sind. Dabei immer wieder umrühren, da die Linsen gerne am Topfboden kleben. Nebenbei kannst du das Naan Brot zubereiten.

Den frischen Spinat danach hinzugeben, du rührst kräftig durch, lässt alles 2 Minuten ziehen, schmeckst noch mal etwas mit Salz und Pfeffer nach - und fertig! Falls du gerne scharf isst, streust du nun etwas Chilipulver über das Gericht und verrührst es kräftig.
Den Feta kannst du entweder direkt darüberbröseln oder in einer separaten Schale zum Essen reichen.

Naan-Brot

Während das Linsengericht vor sich hin köchelt, kannst du in der Zwischenzeit ganz easy das Naan-Brot zubereiten. Erwärme die Milch in einem Topf lauwarm und gib sie mit den restlichen Zutaten (bis auf das Olivenöl) in eine Schüssel. Verknete den Teig gut, teile ihn in vier größere oder acht kleinere Stücke und forme daraus jeweils ungefähr 3 mm dicke Fladen. Wenn du den Teig ausrollst, dann zweimal faltest und nochmals ausrollst, erhältst du ein besseres Ergebnis. Das Olivenöl in der Pfanne erhitzen, die Temperatur etwas reduzieren und die Fladen auf beiden Seiten etwa 1-2 Minuten goldbraun backen. Aufpassen, dass sie nicht zu dunkel werden. Eventuell musst du die Temperatur reduzieren und die Fladen mehrmals wenden.

*Manche Gerichte verbinde ich direkt mit bestimmten Menschen. Den Rote-Linsen-Eintopf koche ich seit Jahren gemeinsam mit meinen Kolleg*innen in der Mittagspause. Er geht super schnell und lässt sich leicht in einer großen Menge zubereiten. Das Naan-Brot zeigte mir vor Kurzem meine Kollegin - ich war total begeistert, denn es passt super zum Linsengericht. Innerhalb von wenigen Minuten bekommst du ein warmes, fluffiges und knuspriges Naan-Brot auf den Tisch - ganz ohne Gehzeit. Solltest du übrigens mal kein Brot im Haus haben - was bei mir sehr oft vorkommt -, ist dieses Rezept perfekt.*

GLUTENFREI

Parmesan-Polenta mit gebratenem grünen Spargel

20 MINUTEN

Lange Zeit kannte ich Polenta nur vom Hörensagen. Ich hatte sie vor Kurzem im Restaurant gegessen, aber selbst gekocht noch nie. Das änderte sich schlagartig, als eine Freundin bei mir einzog. Bei ihr gibt es an Weihnachten immer Polenta. Seit sie einmal dieses schnelle, extrem leckere Maisgrießgericht für mich gekocht hat, gibt es das nun fast wöchentlich bei uns. Das Coole daran ist, dass Polenta so vielseitig ist. Man kann sie mit verschiedenen Gewürzen würzen, mal Feta darüberbröseln, mal einen Löffel Pesto einrühren. Auch die Toppings kannst du je nach Jahreszeit variieren.

FÜR EINE*N

200 ml Milch
100 ml Gemüsebrühe
Salz
frisch gemahlener Pfeffer
50 g Maisgrieß (Polenta)
50 g geriebener Parmesan
20 g Butter
250 g grüner Spargel
1 TL Zucker
1 EL Sonnenblumenöl
1 Schuss Weißwein

ADD-ON

50 g Walnusskerne

SO GEHT'S

Erhitze die Milch mit der Gemüsebrühe und jeweils 1 Prise Salz und Pfeffer im Topf. Sobald die Milch heiß ist, den Maisgrieß einrühren. Unter ständigem Rühren auf niedriger Temperatur etwa 3–4 Minuten quellen lassen. Dann den geriebenen Parmesan und die Butter einrühren.

Den grünen Spargel waschen, die Enden abschneiden und die Stangen in die Stücklänge deiner Wahl schneiden. Gib den Zucker in eine Pfanne und lasse diesen leicht karamellisieren, dann das Sonnenblumenöl hinzugeben. Wenn der Zucker zu karamellisieren beginnt, die Spargelstücke in die Pfanne geben und leicht durchschwenken. 2 Prisen Salz zum Würzen verwenden und das Ganze mit dem Weißwein ablöschen.

Jetzt kann angerichtet werden: Die Polenta noch einmal unter ständigem Rühren erhitzen. Falls sie zu fest geworden ist, gegebenenfalls 1 EL Milch hinzugeben, damit sie wieder schön cremig wird. Die Polenta auf den Teller geben, mit dem Spargel und, wenn du möchtest, mit den Walnusskernen garnieren. Bon Appétit!

A Cookie a Day

JEWEILS 10 MINUTEN + 10-15 MINUTEN IM BACKOFEN

Das hier ist eine Offenbarung für alle Schoko-Liebhaber. Ich habe die Cookies an einem Freitagabend in der WG gebacken und sofort standen zwei freiwillige Testesserinnen neben mir, als die Cookies frisch aus dem Ofen kamen. Wenn die Cookies noch warm sind, sind die Schokostückchen leicht flüssig - ein Traum!

Double-Dark-Choc-Cookies

FÜR ACHT STÜCK

30 g Butter
200 g Zartbitter-schokolade
50 g Zucker
1 Ei
70 g Weizenmehl (Type 405)
2 g Backpulver
15 g Kakaopulver
1 Prise Salz
50 g Pekannusskerne (oder Walnusskerne)

SO GEHT'S

Zuerst den Backofen auf 160 °C Umluft vorheizen. Dann die Butter im Topf langsam schmelzen, die Zartbitterschokolade grob hacken und die Hälfte davon zu der flüssigen Butter geben und vorsichtig auflösen. Den Zucker und das Ei in einer Schüssel schaumig schlagen. Nun das Mehl, das Backpulver, den Kakao und das Salz zur Eimasse geben. Die Butter-Schokoladen-Mischung dazugeben und alles kurz verrühren. Zum Schluss die restliche gehackte Schokolade und die grob gehackten Pekannusskerne unter die Masse heben.
Ein Backblech mit Backpapier auslegen und mit einem Esslöffel acht gleich große Nocken (wie eine Kugel Eis) darauf verteilen. Darauf achten, dass genug Abstand zwischen den Cookies bleibt, da sie noch etwas zerlaufen. Jetzt die Cookies im vorgeheizten Backofen 10-15 Minuten backen. Beim Herausnehmen sind die Cookies noch etwas weich, beim Auskühlen werden sie härter.

White-Choc-Raspberry-Cookies

FÜR ACHT STÜCK

30 g Butter
50 g Erdnussbutter
200 g weiße Schokolade
40 g Zucker
1 Ei
50 g Weizenmehl (Type 405)
2 TL Backpulver
1 Prise Salz
80 g gefrorene Himbeeren

SO GEHT'S

Als Erstes den Backofen auf 160 °C Umluft vorheizen. Dann die Butter im Topf langsam schmelzen und die Erdnussbutter dazugeben. Die Schokolade grob hacken, die Hälfte davon mit in den Topf geben und alles vorsichtig zu einer glatten Masse verrühren. Den Zucker und das Ei in einer Schüssel schaumig schlagen. Nun das Mehl, das Backpulver und das Salz zur Eimasse geben. Dann die Buttermischung hinzugeben und verrühren. Die Himbeeren im gefrorenen Zustand etwas zerkleinern und gemeinsam mit der restlichen gehackten Schokolade vorsichtig unter den Teig heben. Ein Backblech mit Backpapier auslegen und darauf mit einem Esslöffel acht gleich große Nocken (wie eine Kugel Eis) verteilen. Darauf achten, dass genug Abstand zwischen den Cookies bleibt, da sie noch etwas zerlaufen. Jetzt die Cookies im vorgeheizten Backofen 10-15 Minuten backen. Beim Herausnehmen sind sie noch etwas weich, beim Auskühlen werden sie härter.

Freestyle-Cakes

*Ja, es heißt Kochbuch, warum also haben sich darin Backrezepte eingeschlichen? Weil ich mir gewünscht habe, dass wir hier einige Rührkuchen vorstellen für den Fall, dass mal wieder »plötzlich« ein Geburtstag deiner WG-Mitbewohner*innen, Kommiliton*innen oder Freund*innen ansteht. Zu Hause war das nie ein Problem, im Kühlschrank und in der Vorratskammer wimmelte es nur so von Zutaten. Wir waren immer mit allem Wichtigen ausgestattet. Aber in der WG spontan mal eben einen Kuchen zu backen, ist oft schwierig. Mal fehlen die Eier oder die Butter, mal die Milch oder das Backpulver. Ständig musste ich improvisieren. Das Internet konnte mir zwar einigermaßen helfen, aber hier hast du auf zwei Doppelseiten Kuchenvarianten, in denen wir dir zeigen, welche Zutaten du mit welchen ersetzen kannst.*

FOLGENDE DINGE LASSEN SICH BELIEBIG AUSTAUSCHEN:

Kuhmilch - pflanzliche Milch (aus Hafer, Dinkel, Mandel, Kokos)
Butter - Öl (aus milden Oliven, Raps, Sonnenblumen, Disteln)

TIPP

Mit der Stäbchenprobe kannst du ganz einfach checken, ob dein Kuchen fertig ist. Dazu steckst du ein Holzstäbchen oder ähnliches in die Kuchenmitte. Hängt beim Herausziehen kein roher Teig daran, kann der Kuchen aus dem Ofen gezogen werden.

Karotte-Nuss-Kuchen

10 MINUTEN + 35-40 MINUTEN IM BACKOFEN

FÜR EINE SPRINGFORM (ETWA 26 CM)

300 g Karotten
5 Eier
150 g Zucker
250 g gemahlene Mandeln
½ Päckchen Backpulver (7–8 g)
½ TL Zimtpulver
1 Prise Salz

ADD-ON

150 g Puderzucker
2–3 EL Zitronensaft
gehackte Nusskerne

SO GEHT'S

Zuerst den Backofen auf 180 °C Ober-/Unterhitze vorheizen. Dann die Karotten schälen und fein reiben. Die Eier trennen und das Eiweiß mit der Hälfte des Zuckers steif schlagen. Das Eigelb mit dem restlichen Zucker schaumig rühren. Nun in einer Schüssel die Karotten, die geriebenen Mandeln, das Backpulver, den Zimt und das Salz vermengen. Alles in die Eigelbmasse einrühren und den Eischnee vorsichtig unterheben. Den Teig in eine gefettete Backform füllen und 35–40 Minuten backen. Mit der Stäbchenprobe (siehe Tipp) kannst du checken, ob der Kuchen fertig ist.
Wenn du möchtest, kannst du nach dem Auskühlen den Kuchen noch verzieren. Dafür einfach den Puderzucker nach und nach mit dem Zitronensaft verrühren, bis die Konsistenz der Glasur dickflüssig ist. Diese auf dem Kuchen verteilen und gehackte Nusskerne darüberstreuen. Schon fertig!

VEGETARISCH | OHNE BUTTER | OHNE MILCH

Zucchinikuchen

15 MINUTEN + 50 MINUTEN IM BACKOFEN

FÜR EINE SPRINGFORM (ETWA 26 CM)

5 Eier
250 g Zucker
250 ml Sonnenblumenöl
2 Zucchini (à 200 g)
200 g gemahlene Hasel- oder Walnusskerne
300 g Weizenmehl (Type 405)
1 Päckchen Backpulver (15–16 g)
3 EL Kakaopulver

ADD-ON

200 g weiße Schokoglasur

SO GEHT'S

Zuerst den Ofen auf 160 °C Umluft vorheizen. Dann die Eier mit dem Zucker schaumig schlagen und langsam das Öl unterrühren. Die Zucchini grob raspeln und gemeinsam mit den gemahlenen Nusskernen vorsichtig unter die Eimasse heben. Das gelingt am besten mit einem Gummischaber oder Kochlöffel. Dann das Mehl, das Backpulver und das Kakaopulver untermischen. Eine runde Kuchenform mit 1 EL Sonnenblumenöl einfetten und den ziemlich flüssigen Teig hineinfüllen. Jetzt den Kuchen etwa 50 Minuten backen und mit der Stäbchenprobe (siehe Tipp Seite 54) testen, ob er fertig ist. Den Kuchen etwas auskühlen lassen und währenddessen die weiße Schokoglasur im Wasserbad schmelzen. Nun den Kuchen überziehen - fertig!

VEGAN | LAKTOSEFREI | OHNE BUTTER | OHNE EI

Veganer Bananen-Schoko-Kuchen

10 MINUTEN + 35 MINUTEN IM BACKOFEN

FÜR EINE KASTENFORM (ETWA 25 CM)

3 reife Bananen
200 g Weizenmehl (Type 405)
1 Päckchen Backpulver (15–16 g)
½ TL Salz
5 EL Kakaopulver
60 ml Sonnenblumenöl
75 g pflanzliche Milch
50 g Zucker

ADD-ON

1 Handvoll gehackte Nusskerne oder vegane Schokostückchen

SO GEHT'S

Zuerst den Ofen auf 160 °C Umluft vorheizen. Dann die Bananen schälen, 2 davon mit der Gabel zerdrücken und die andere für später zur Seite legen. Die Masse in eine Schüssel geben und mit den restlichen Zutaten ohne bestimmte Reihenfolge verrühren. Eine Kastenkuchenform mit 1 EL Sonnenblumenöl einfetten und den Teig in die Form füllen. Die übrige Banane der Länge nach halbieren und beide Hälften mit der Schnittfläche nach oben auf den Kuchen legen. Wer möchte, kann gehackte Nusskerne oder vegane Schokostückchen auf den Kuchen streuen. Jetzt das Bananenbrot etwa 35 Minuten backen und anschließend mit der Stäbchenprobe (siehe Tipp) testen, ob der Kuchen fertig ist. Bevor du ihn aus der Form holst, solltest du ihn etwas auskühlen lassen. Viel Spaß beim Backen!

»Das Beste an einem Shooting-Tag – unglaublich viel leckeres Essen! Manchmal sogar fast zu viel, aber da war auf die WGs Verlass.«

Tims Wunschkonzert

Wie im Schlaraffenland findest du in meinem Kapitel alles, was dein Herz begehrt. Das geht von neu interpretierten Klassikern bis hin zu Variationsgerichten, in denen du die Zutaten wild durchmischen kannst. Das Allerwichtigste aber ist: Du findest hier ganz viel Abwechslung.

Zuerst einmal zu meiner Person: Ich bin Tim und studiere gemeinsam mit Fabi Hotel- und Gastronomiemanagement an der DHBW Ravensburg. Ursprünglich komme ich aus dem schönen Remstal und bin somit gar nicht so weit von unserer lieben Kim entfernt. Auf den Bildern erkennt ihr mich vermutlich am schnellsten an meiner Größe. Was ich außer dieser zum Kochbuch beitrage und was mich neben meinem Studiengang noch mit dem Kochen verbindet: Es wurde mir in gewisser Weise schon in die Wiege gelegt. Was auch kein Wunder ist, denn mein Papa ist Koch. Daher hat bei uns alles rund ums Essen von jeher eine sehr große Rolle gespielt. Schon im Alter von drei Jahren durfte ich im familieneigenen Restaurant in den Töpfen rühren, Spätzle probieren und dabei jede Menge Unordnung veranstalten. Als ich sechs Jahre alt war, habe ich zum ersten Mal alleine einen Zitronenkuchen gebacken. Mit zwölf habe ich mein erstes Petit Four erschaffen und seit ich vierzehn bin, gibt es jedes Jahr zu Silvester meine ganz persönlichen Pralinen-Kreationen. Eines meiner Lieblingsgerichte sind die selbst gebackenen Waffeln nach Familienrezeptur mit flambierten Kirschen oder nur Puderzucker – ein Traum! Das Rezept findest du in meinem Special.

Mit dem »richtigen« Kochen hatte ich lange Zeit nicht das Geringste am Hut. Denn das war Chefsache! Wie hätte ich meinem Papa das Wasser reichen können?

Mit dem »richtigen« Kochen hatte ich lange Zeit nicht das Geringste am Hut. Denn das war Chefsache! Wie hätte ich meinem Papa das Wasser reichen können? Außerdem war es ja so einfach, mir jeden Tag zu überlegen, worauf ich Appetit habe, um dann die Treppe nach unten zu gehen und meinen Papa ganz lieb nach diesem Wunschgericht zu fragen. Und schon wurde genau das für mich gekocht. Daher auch der Kapitelname »Wunschkonzert«. Für viele wahrscheinlich unvorstellbar - für mich damals alltäglich.

Erst im Studium habe ich verstanden, wie gut es mir zu Hause gegangen war. In meiner Studentenküche war es ganz schön schwer, auch nur ansatzweise an das gewohnte Niveau und vor allem die große Abwechslung heranzukommen. Doch gemeinsam mit Fabi, Kim und Kili hab ich dieses Problem gelöst und entdeckt, wie viel Spaß es macht, gemeinsam zu kochen. Aber auch wenn ich mal alleine am Kochen bin, habe ich mittlerweile immer das passende Rezept griffbereit.

In unserem Kochbuch-Team nahm ich vor allem die Rolle des Testessers ein, jedes Gericht musste meinen Gaumen passieren, bevor es für dieses Buch verifiziert wurde. Gleichzeitig hatte ich immer ein Auge darauf, dass dein Warenkorb nicht explodiert, sondern dass aus wenigen Produkten, die du im Idealfall sogar noch im Kühlschrank vorfindest, ein geniales Essen entsteht. Am Ende versuche ich auch, zumindest ein wenig Struktur in unseren chaotischen Haufen zu bringen, vor allem dann, wenn unsere Ideen und Vorstellungen mal wieder keine Grenzen mehr kennen.

Jetzt möchte ich dich aber nicht länger aufhalten - hab Spaß mit den folgenden Rezepten, beim Kochen und beim Genießen, denn das ist es, worum es hier geht.

Brombeer-Kokos-Energyballs

15 MINUTEN + 20 MINUTEN IM KÜHLSCHRANK

Dieser süße Snack bietet sich ideal für deine Lernpause, die Vorlesung oder auch das schnelle Frühstück an. Natürlich kannst du dieses Rezept wieder nach Belieben abwandeln. Probier's doch mal mit Himbeeren, Rosinen, gehackten Nusskernen oder Schokoraspeln aus!

FÜR ZEHN STÜCK

250 g Müsli auf Haferflocken-Basis nach Geschmack
200 g Naturjoghurt
1 EL flüssiger Honig
100 g Brombeeren
70 g Kokosraspel

TIPP

Wenn du die Energyballs für den nächsten Tag vorbereitest, solltest du 50 g Naturjoghurt mehr verwenden. Bei der Verarbeitung wird dir die Masse zwar etwas zu weich vorkommen, aber während der Zeit im Kühlschrank werden die Kugeln die passende Konsistenz annehmen.

SO GEHT'S

Das Rezept hast du ganz einfach in drei Schritten erledigt. Zuerst vermischst du das Müsli mit dem Naturjoghurt und schmeckst alles mit dem Honig ab. Wenn du gefrorene Brombeeren verwendest, dann diese zunächst etwas auftauen lassen und dann grob zerkleinert unter die Müslimasse mischen.

Jetzt stellst du alles für 20 Minuten in den Kühlschrank und lässt die Masse ein wenig quellen.

Im nächsten Schritt formst du die Masse mit den Händen zu walnussgroßen Kugeln.
Als Letztes musst du die Kugeln nur noch in den Kokosraspeln wälzen und fertig ist dein Pausensnack! Im Kühlschrank kannst du sie ohne Probleme 2-3 Tage lagern.

Mix it up

JEWEILS 5 MINUTEN

Zuallererst möchte ich dir sagen, dass es sich bei diesen Rezepten lediglich um eine Zutatenempfehlung von uns handelt. Dieser erfrischende und unglaublich gesunde Smoothie eignet sich ideal, um alle Gemüse- und Obstreste aus deinem Kühlschrank zu verwerten. Gut passen z.B. auch Kiwi, Birne, Staudensellerie und Fenchel. Hier spielt es auch überhaupt keine Rolle, wenn dein Gemüse oder Obst ein paar braune Stellen hat, im Smoothie schmeckt es dennoch super lecker und du musst nichts wegwerfen.

VEGAN | GLUTENFREI | LAKTOSEFREI

Green Detox-Smoothie

FÜR EINE*N (ETWA 400 ML)

¼ Gurke (etwa 50 g)
½ Avocado
1 Handvoll Spinat
1 grüner Apfel
150 ml Fruchtsaft
(ich empfehle dir Apfel-, Birnen- oder Maracujasaft)

SO GEHT'S

Die Zubereitung ist kinderleicht: Alle Zutaten grob klein schneiden und in ein hohes Gefäß geben, wenn du den Stabmixer zur Zubereitung verwendest, oder in den Mixtopf eines Mixers. Jetzt einfach mixen, bis der Smoothie die von dir gewünschte Konsistenz erreicht hat. Wenn dir das Getränk zu dickflüssig ist, mixe einfach noch ein wenig Fruchtsaft oder Obst und Gemüse mit hohem Wasseranteil, z.B. Gurke, in den Smoothie.

TIPP

Die restliche Avocado kannst du perfekt für das Avocado-Basilikum-Dressing von Seite 34 oder den Avocado-Koriander-Dip von Seite 151 verwenden. Die restliche Gurke kannst du super für das Griechischer-Salat-Sandwich von Seite 70 oder das Chicken Shawarma von Seite 77 benutzen.

VEGETARISCH | GLUTENFREI

Pink Power-Shake

FÜR EINE*N (ETWA 400 ML)

100 g gemischte Beeren
5 EL Naturjoghurt
1 Banane
4 EL Kokosflocken
1 EL flüssiger Honig
200 ml Milch

SO GEHT'S

Wie beim Smoothie einfach alle Zutaten grob zerkleinern und in den Mixtopf geben. Falls du einen Stabmixer verwendest, dann am besten ein hohes Gefäß zum Mixen verwenden. Die Zutaten bis zur gewünschten Konsistenz mixen. Sollte dir der Shake zu dickflüssig sein, dann einfach noch etwas Milch dazugeben.

Spicy Avocado-Tatar

20 MINUTEN

Zu Hause im Restaurant gab es immer eine super leckere Vorspeise mit Avocado-Tatar und Thunfisch. Wir haben uns daher von dem Rezept meines Vaters inspirieren lassen und unsere eigene Variante für dich gezaubert. Wir finden es auf jeden Fall super lecker und hoffen, dass es dir genauso gut schmeckt.

FÜR ZWEI

1 Chilischote
1 ½ TL Salz
Zucker
1 Prise gemahlener Pfeffer
½ Zitrone
2 EL Olivenöl
1 grüner Apfel
1 Avocado
(am besten eine etwas härtere)
50 g gesalzene Erdnuss- oder Cashewkerne
2 Stiele frischer Koriander
200 g küchenfertige Garnelen
2 EL Sonnenblumenöl
2 EL Sojasauce

SO GEHT'S

Als Erstes die Chilischote halbieren, die Kerne entfernen und fein hacken. Die gehackte Chili mit 1 TL Salz, 1 TL Zucker, dem Pfeffer, dem Zitronensaft und dem Olivenöl in einer Schüssel zu Marinade vermengen. Den Apfel und die Avocado in kleine Würfel schneiden und mit der Marinade vermengen. Zuletzt die Kerne hacken und unterrühren.

Das Tatar anrichten und etwas fein geschnittenen Koriander darüber geben.

Jetzt die Garnelen in dem Sonnenblumenöl scharf anbraten und dabei mit ½ TL Salz und 1 Prise Zucker würzen. Dann die Garnelen mit der Sojasauce ablöschen und heiß auf dem Tatar anrichten.

Sandwich-Dreier

JEWEILS 10-15 MINUTEN

Sandwiches sind der ideale Snack für zwischendurch und bilden eine gute Grundlage, um danach richtig durchstarten zu können. Häufig jedoch sind Sandwiches viel zu langweilig und bieten überhaupt kein geschmackliches Erlebnis. Mit unseren drei Rezeptvarianten kannst du die kulinarisch perfekte Lernpause zelebrieren.

FÜR JE 2 SANDWICHES

GRIECHISCHER-SALAT

½ Gurke
1 Tomate
½ Paprikaschote
100 g Feta
½ kleine rote Zwiebel
Salz
gemahlener Pfeffer
2 EL Olivenöl
1 EL dunkler Balsamicoessig
1 TL flüssiger Honig
1 kleines Vollkornbaguette
(oder 4 Scheiben Vollkorntoast)

ADD-ON
Oliven

BIRNE-BRIE

200 g Brie
1 Birne
4 Scheiben Bauernbrot
(oder Vollkorntoast)
½ Bund Rucola
50 g Walnusskerne
2 EL Chutney oder Marmelade

VEGAN | GLUTENFREI | LAKTOSEFREI

Griechischer-Salat-Sandwich

Schneide als Allererstes die Gurke, die Tomate, die Paprika und den Feta in mittelgroße Würfel. Die Zwiebel schneidest du am besten in feine Ringe. Wenn du magst, die Oliven in diesem Schritt halbieren. Gib alles in eine Schüssel, würze mit jeweils 1 Prise Salz und Pfeffer und mariniere alles mit dem Olivenöl, dem Balsamico und dem Honig. Jetzt den marinierten Salat auf dem Baguette verteilen – Deckel drauf und fertig ist dein Griechischer-Salat-Sandwich!

TIPP

Die restliche Gurke kannst du super für den Green Detox-Smoothie von Seite 66 oder das Chicken Shawarma von Seite 77 benutzen. Der restliche Feta passt perfekt für den Linsen-Granatapfel-Salat von Seite 36, den Rote-Bete-Brombeer-Salat von Seite 142 oder die Shakshuka von Seite 156.

VEGETARISCH

Birne-Brie-Sandwich

Zuerst schneidest du den Brie in etwa ½ cm breite Scheiben und die Birne der Länge nach in sehr dünne Scheiben. Das Brot nach Belieben toasten oder auch ungetoastet nehmen. Darauf verteilst du die Brie- und die Birnenscheiben abwechselnd. Darüber kommen großzügig der Rucola und anschließend die Walnusskerne.
Den Deckel des Sandwiches bestreichst du jeweils mit 1 EL Marmelade deiner Wahl oder Chutney nach deinem Geschmack.

TIPP

Dafür eignet sich das Mango-Chutney von Seite 29 super.
Den restlichen Rucola kannst du perfekt für die Süßkartoffelkumpir von Seite 78 verwenden.

PUTE-AVOCADO-EI

1 Avocado
Salz
gemahlener Pfeffer
Zucker
2 EL Olivenöl
1 EL dunkler Balsamicoessig
200 g Puten- oder Hähnchenbrust
2 EL Sonnenblumenöl
2 Eier
6 in Öl eingelegte getrocknete Tomaten aus dem Glas
1 kleines französisches Baguette (oder 4 Scheiben Toast)

FLEISCH

Pute-Avocado-Ei-Sandwich

Schneide für dieses Sandwich zuerst die Avocado in dünne Streifen, würze sie mit Salz, Pfeffer und Zucker und gib anschließend das Olivenöl und den Balsamico darüber. Jetzt die Putenbrust der Länge nach halbieren, ebenfalls mit Salz und Pfeffer würzen und in einer heißen Pfanne mit dem Sonnenblumenöl von beiden Seiten goldbraun anbraten. Nun die Eier als Spiegeleier braten, würzen und, kurz bevor sie fertig sind, einmal in der Pfanne wenden, damit das Eigelb auf dem Sandwich nicht zerläuft. Die getrockneten Tomaten in dünne Streifen schneiden. Anschließend die Avocado- und die Tomatenstreifen auf dem Sandwich verteilen, die Putenbrust und die gebratenen Eier als Letztes darauflegen. Deckel drauf und fertig ist der Deluxe-Snack, der sich auch als vollwertige Mahlzeit eignet.

VEGETARISCH

Salzige Blätterteig-Muffins

30 MINUTEN + 15-20 MINUTEN IM BACKOFEN

Diese super leckeren salzigen Muffins eignen sich ideal für eine WG-Party oder als herzhafter Snack für zwischendurch.

FÜR ZWÖLF MUFFINS

1 rote Zwiebel
200 g Champignons
2 EL Sonnenblumenöl
Salz
Zucker
2 EL weißer Balsamicoessig
50 g getrocknete Cranberrys
2 Avocados
4 Eier
50 g Sahne
200 g geriebener Cheddar
1 TL gemahlener Pfeffer
1 Packung Blätterteig (ca. 275 g)

SPEZIALEQUIPMENT

Muffinform

SO GEHT'S

Die Zwiebel halbieren, abziehen und in Streifen schneiden. Die Champignons kannst du bereits grob zerkleinern. Die Zwiebelstreifen in dem Sonnenblumenöl und jeweils 1 Prise Salz und Zucker bei mittlerer Temperatur glasig anschwitzen und die klein geschnittenen Champignons zugeben.

Das Ganze für ein paar Minuten zusammen anschwitzen, dann mit dem Balsamico ablöschen. Die getrockneten Cranberrys in die Pfanne geben und unterschwenken. Den Inhalt aus der Pfanne in eine Schüssel füllen und etwas abkühlen lassen. Die Avocado in Würfel schneiden und mit in die Schüssel geben. Separat die Eier, die Sahne, die Hälfte des Cheddars, den Pfeffer und 1 TL Salz vermengen.

Zwischenzeitlich die Muffinform mit Öl einfetten. Jetzt schon mal den Ofen auf 200 °C Umluft vorheizen. Dann den Blätterteig in Quadrate schneiden und in die Mulden der Muffinform drücken.

Die Champignon-Avocado-Füllung in die Teigmulden geben und darauf die Ei-Käse-Mischung gießen. Die andere Hälfte des Cheddars über den Muffins verteilen und diese 15-20 Minuten im vorgeheizten Ofen goldbraun backen.

Tom Kha Gai

40 MINUTEN

Mit dieser Suppe wollten wir dir mal einen asiatischen Klassiker bieten, der überall super gut ankommt. Eigentlich stecken einige Zutaten in diesem etwas zeitaufwendigeren Rezept, aber wir haben es so für dich angepasst, dass du es ganz einfach nachkochen kannst.

FÜR VIER

500 ml Kokosmilch
750 ml Gemüsebrühe
1 rote Chilischote
2 Stängel Zitronengras
40 g frische Ingwerwurzel
5–6 Stängel frischer Koriander
500 g Hähnchenbrust
7 EL Sojasauce
gemahlener Pfeffer
Zucker
250 g Champignons
75 g Sojasprossen oder Mungobohnenkeimlinge
2 unbehandelte Limetten

ADD-ON

3 Limettenblätter

SO GEHT'S

Als Erstes die Kokosmilch und die Brühe in einem Topf aufkochen. Währenddessen die Chili längs aufschneiden, entkernen und in feine Ringe schneiden. Die äußeren Blätter vom Zitronengras entfernen und die Stangen der Länge nach halbieren. Den Ingwer schälen und grob zerkleinern. Den Koriander waschen, trockenschütteln, Blättchen abzupfen und beiseitelegen (Stiele nicht wegschmeißen). Die Chili, das Zitronengras, den Ingwer, die Korianderstiele und, wenn vorhanden, in diesem Schritt auch die Limettenblätter zu der Suppe hinzugeben und 10–15 Minuten köcheln lassen.

Die Hähnchenbrust in mundgerechte Stücke schneiden. Diese mit 2 EL Sojasauce, etwas Pfeffer und 1 Prise Zucker marinieren. Die Pilze vierteln und die Sojasprossen/Keimlinge vorsichtig waschen und abtropfen lassen. Jetzt das Zitronengras, den Ingwer, die Korianderstiele und die Limettenblätter aus der Suppe entfernen. Anschließend das Gemüse und die Hähnchenstücke hineingeben und alles etwa 5 Minuten weiter köcheln.

Eine Limette in vier Spalten schneiden, die andere Limette in die Suppe pressen. Das Ganze mit der restlichen Sojasauce abschmecken. Die Suppe in tiefen Tellern anrichten und zum Schluss mit den Korianderblättern und Limettenspalten garnieren.

Chicken Shawarma + Hummus

40 MINUTEN + 15 MINUTEN FÜR HUMMUS

FÜR VIER

500 g Hähnchenbrust
Salz
gemahlener Pfeffer
1 TL Currypulver
3 EL Sonnenblumenöl
2 Tomaten (à 100 g)
½ Gurke (etwa 200 g)
1 rote Zwiebel
1 Bund frische glatte Petersilie
30 g frische Ingwerwurzel
1 unbehandelte Limette
3 TL Zucker
2 EL Olivenöl
½ Eisbergsalat
4 große oder 6 kleine Weizentortillas
4 EL Hummus

ADD-ON

4–6 in Öl eingelegte getrocknete Tomaten
½ Bund frische Minze

HUMMUS FÜR VIER

250 g Kichererbsen aus der Dose
50 g Tahin (Sesampaste)
1 Zehe Knoblauch
2 EL Olivenöl
½ TL Salz
½ TL Kreuzkümmel
Zucker
Saft von ½ Zitrone

SO GEHT'S

Zuerst die Hähnchenbrust in Streifen schneiden, mit Salz und Pfeffer, dem Currypulver und 1 EL Sonnenblumenöl marinieren. Dann die Tomaten und die Gurke klein schneiden, die Zwiebel abziehen und fein würfeln. Die Petersilie und, wenn du möchtest, die Minze grob schneiden und zusammen mit den Tomaten, der Gurke und der Zwiebel vermengen. Den Ingwer schälen und ganz fein hacken oder reiben. Jetzt den Tomaten-Gurken-Salat mit dem fein gewürfelten Ingwer, dem Limettenabrieb und -saft, 2 TL Salz, dem Zucker und dem Olivenöl marinieren und zur Seite stellen. Wenn du deinen Hummus selbst herstellen möchtest empfehlen wir dir, das in diesem Schritt zu tun, währenddessen kann dein Tomaten-Gurken-Salat nämlich gut durchziehen. Zuletzt noch den Eisbergsalat waschen und gemeinsam mit den optionalen getrockneten Tomaten in Streifen schneiden.

Jetzt kannst du das Hähnchen in einer Pfanne mit 2 EL Sonnenblumenöl anbraten. Währenddessen die Tortillawraps, wenn du möchtest, kurz im Ofen oder in der Mikrowelle erwärmen. Dann die Wraps ausbreiten und mit dem Eisbergsalat, dem Tomaten-Gurken-Salat und den getrockneten Tomaten belegen. Als Nächstes das gebratene Hähnchen darauf verteilen und den Hummus darübergeben. Jetzt zu Wraps rollen und gemeinsam genießen!

TIPP

Die restliche Gurke kannst du super für das Griechischer-Salat-Sandwich von Seite XX oder den Green Detox-Smoothie von Seite XX benutzen.

Je mehr, desto besser! Hier hast du einen richtigen WG-Klassiker. Du musst zwar einiges schnippeln, aber wenn jede*r mithilft, habt ihr richtig Spaß dabei, es geht super schnell und das Ergebnis lohnt sich. Wrap-Liebhaber kommen hier so richtig auf ihre Kosten – also lasst es euch schmecken!

VEGAN | GLUTENFREI | LAKTOSEFREI

Hummus

Von den Kichererbsen entfernst du am besten zuerst grob die Außenhaut. Dafür füllst die abgetropften Kichererbsen in eine Schüssel mit Wasser. Jetzt nimmst du immer ein paar Kichererbsen heraus und reibst sie vorsichtig zwischen deinen Händen gegeneinander, damit sich die Schale löst. Aber keine Sorge, hier ist keine Perfektion gefragt! Die Kichererbsen mit dem Tahin, dem fein geschnittenen Knoblauch, dem Olivenöl, dem Salz und 30 ml Wasser fein mixen. Das kann schon mal 2 Minuten dauern, also nicht aufgeben! Danach den Hummus mit etwas Kreuzkümmel, Zucker und dem Zitronensaft abschmecken und erneut kurz mixen, damit sich alles gut vermengt. Falls der Hummus etwas zu fest ist, noch 1 EL Wasser oder etwas Zitronensaft untermixen. Zum Genießen kannst du den Hummus zum Beispiel mit etwas gehackter Petersilie, Olivenöl und Paprikapulver toppen!

Süßkartoffelkumpir mit Gorgonzola, Speck und Kiwi

15 MINUTEN + 50 MINUTEN IM BACKOFEN

In der Mittagspause wollten wir schon lange mal Kumpir probieren, weil wir so viel Positives davon gehört hatten. Leider haben wir es nie geschafft und dann kurzerhand beschlossen, unser eigenes Kumpir-Rezept zu entwickeln.

FÜR EINE*N

1 Süßkartoffel (etwa 350 g)
1 EL Sonnenblumenöl
Salz
50 g Speck
50 g Gorgonzola
1 EL Schmand
1 Kiwi
½ Bund Rucola

SO GEHT'S

Als Erstes den Backofen auf 180 °C Umluft vorheizen. Dann die Süßkartoffel waschen und gut trockentupfen, anschließend mit dem Sonnenblumenöl und 2 Prisen Salz würzen. Die Süßkartoffel packst du in Alufolie ein und garst sie 40–45 Minuten im Ofen, bis sie weich ist. Währenddessen den Speck bei hoher Temperatur kurz anbraten und in eine Schüssel oder Schale geben. Den Gorgonzola etwas zerkleinern und gemeinsam mit dem Schmand zum Speck hinzugeben. Alle Zutaten gut miteinander vermischen.

Die Kartoffel aus dem Ofen holen und mittig der Länge nach einschneiden. Das Innere fast vollständig mit einem Löffel auskratzen. Diese Kartoffelmasse ebenfalls in die Schüssel geben und alles gut vermischen. Jetzt wird die Masse wieder in die Süßkartoffelschale zurückgefüllt und die Kumpir erneut in Alufolie eingepackt und noch mal 5 Minuten in den Ofen gegeben.

Inzwischen die Kiwi schälen, vierteln und in dünne Scheiben schneiden, anschließend mit einer Handvoll Rucola vermischen. Die Kumpir aus dem Ofen nehmen, auspacken, den Kiwi-Rucola-Salat darauf verteilen und genießen!

TIPP

Den restlichen Schmand kannst du super für die Rote-Bete-Knödel mit Salat von Seite 46 die Kartoffelpfanne aus dem Ofen von Seite 86 oder den Brotaufstrich Toskana von Seite 102 verwenden. Den restlichen Rucola kannst du perfekt für das Birne-Brie-Sandwich von Seite 70 benutzen.

Ein kleines Familiengeheimnis

Ich würde behaupten, dass du hier das Rezept für die leckersten Waffeln der Welt in Händen hältst. Ich verbinde es vor allem mit einem Weinfest, das wir mit unserem Restaurant jedes Jahr am 1. Mai bewirtet haben.

Meine Aufgabe war es, auf dem Fest die Waffeln zu backen. Da konnte es gut und gerne mal passieren, dass ich über 100 Waffeln an einem einzigen Tag gebacken habe. Sobald du sie probiert hast, kannst du dir mit Sicherheit vorstellen, wie schwer es mir gefallen ist, selbst dem Kosten den ganzen Tag lang zu widerstehen. Vermutlich bist du am Anfang etwas überrascht von der eher festen Konsistenz des Teiges, aber keine Sorge, die ist genau richtig. Durch die Konsistenz und das Backpulver bäckt der Teig richtig auf und du bekommst eine super fluffige und saftige Waffel als Ergebnis. Das Rezept stammt von meinem Papa und war bisher ein kleines Familiengeheimnis, also viel Spaß beim Ausprobieren und Genießen!

Kodak

Butterwaffeln nach Familienrezept mit flambierten Kirschen

20 MINUTEN + 15 MINUTEN FÜR DAS TOPPING

FÜR VIER

3 Eier
200 g Zucker
Salz
250 g Weizenmehl (Type 405)
1 gestr. TL Backpulver
125 g weiche Butter
75 g Sahne

ADD-ON

gemahlene Vanille
(oder Vanillearoma oder -zucker)

FLAMBIERTE KIRSCHEN

50 g Zucker
680 g Sauerkirschen aus dem Glas
(Abtropfgewicht 350 g)
50 ml brauner Rum
10 g Speisestärke
200 g Sahne

SPEZIALEQUIPMENT

Waffeleisen

SO GEHT'S

Zuerst schlägst du die Eier, den Zucker und 1 Prise Salz mit dem Rührgerät auf, bis eine sehr schaumige, weiße Masse entsteht. Das kann schon 5–10 Minuten dauern, daher ist es wichtig, dass du die Geduld nicht verlierst und durchhältst. Das Mehl gut mit dem Backpulver vermischen und abwechselnd mit der weichen Butter und der Sahne zu der Zucker-Ei-Masse hinzugeben. Die Masse verrühren, bis ein relativ fester, homogener Teig entsteht. Wenn du möchtest kannst du noch etwas Vanille hinzugeben.

Den Teig vor dem Ausbacken am besten noch für 1 Stunde im Kühlschrank kalt stellen, dort hält er sich auch problemlos 2–3 Tage – wenn er überhaupt so lange überlebt. Zum Ausbacken das Waffeleisen mit etwas Butter oder Sonnenblumenöl einfetten und etwa 2 EL Waffelteig in die Mitte geben. Achtung, nicht zu viel Teig auf einmal in das Eisen geben, da er noch aufgeht!

FLAMBIERTE KIRSCHEN

Während der Waffelteig im Kühlschrank auf das Ausbacken wartet, kannst du bereits mit dem Kirschen-Topping beginnen. Dafür den Zucker in einem Topf karamellisieren lassen. Die Kirschen abtropfen lassen, dabei den Saft auffangen. Dann die abgetropften Kirschen zum Karamell geben, kurz umrühren und mit dem Rum ablöschen. Wenn du möchtest, kannst du für den Geschmack mit einem Feuerzeug diese Flüssigkeit anzünden, um die Kirschen zu flambieren. Den Kirschsaft dazugeben und die Masse 5–10 Minuten köcheln lassen.

In einer kleinen Schüssel Speisestärke mit 2 EL Wasser verrühren und unter die Masse rühren, um diese abzubinden. Jetzt nur noch die Schlagsahne steif schlagen, wenn du möchtest kannst du sie mit etwas Zucker vorher süßen.

Fried Rice Shrimp Hawaii

30 MINUTEN

Jetzt hast du einen meiner Lieblings-Studenten-Klassiker aufgeschlagen. Mit diesem Rezept kannst du super leicht sämtliche Gemüsereste der Woche verarbeiten und hast mit ein paar Handgriffen ein leckeres, asiatisches Essen gezaubert.

FÜR EINE*N

75 g Reis
Salz
1 kleine rote Zwiebel
10 g frische Ingwerwurzel
etwa 200 g Gemüse deiner Wahl (z.B. Brokkoli, Paprika, Zuckerschoten, Karotten etc.)
1 kleine Dose Ananas (Abtropfgewicht 140 g)
1 kleine Chilischote
3 EL Sonnenblumenöl
1 Zehe Knoblauch
125 g Garnelen (gefroren oder frisch)
gemahlener Pfeffer
½ EL Currypulver
1 EL Sojasauce

ADD-ON

gemahlener Kreuzkümmel

SO GEHT'S

Den Reis kannst du schon mal in köchelndem Salzwasser garen. Währenddessen die Zwiebel abziehen und in Streifen schneiden. Den Ingwer schälen und fein hacken. Dein Gemüse musst du zuerst waschen, gegebenenfalls schälen und anschließend in mundgerechte Stücke zerteilen. Die Ananas aus der Dose nehmen und ebenfalls in Stücke schneiden. Am besten hebst du dir ein wenig vom Ananassaft auf, um damit am Ende den Reis abzuschmecken. Die Chilischote schneidest du ebenfalls in kleine Ringe.

In einer heißen Pfanne oder im Wok das Sonnenblumenöl sehr hoch erhitzen und darin die Zwiebelstreifen, den gepressten oder gehackten Knoblauch, den Ingwer, die Chilistreifen, die Ananasstücke und das Gemüse anbraten, bis alles eine leicht goldbraune Farbe bekommt. Die Garnelen als Letztes dazugeben und ganz kurz mit anbraten. Jetzt gibst du den gekochten Reis dazu und vermischst alles gut.

Die Garnelen-Reis-Pfanne mit Salz, Pfeffer, Curry, Sojasauce, etwas Ananassaft und, wenn vorhanden, Kreuzkümmel abschmecken und in einer Schale anrichten.

TIPP

Bei Reis weißt du ja: Immer einen Teil Reis mit zwei Teilen Wasser kochen!

FLEISCH | GLUTENFREI

Kartoffelpfanne aus dem Ofen

45 MINUTEN + 35-40 MINUTEN IM BACKOFEN

One-Pot-Pasta kennt und macht mittlerweile fast jeder super gerne, weil sie einfach unglaublich lecker schmeckt. Wir dachten uns: Warum eigentlich nicht mal ein One-Pot-Gericht aus Kartoffeln probieren? Das Ergebnis ist mindestens genauso lecker und einer unserer absoluten Favoriten.

FÜR ZWEI

3 vorwiegend festkochende Kartoffeln (etwa 300 g)
1 rote Zwiebel
1 Zehe Knoblauch
2 Karotten
6 EL Olivenöl
2 TL Salz
1 TL gemahlener Pfeffer
1 TL getrockneter Rosmarin, Thymian oder Oregano
300 g gemischtes Hackfleisch
2 EL flüssiger Honig
1 EL Tomatenmark
200 g gehackte Tomaten aus der Dose
300 ml Gemüsebrühe
100 g geriebener Cheddar
½ Bund frische glatte Petersilie

ADD-ON

100 g Schmand
½ Limette
Zucker

SO GEHT'S

Den Backofen zuerst auf 180 °C Umluft vorheizen. Vorab kannst du schon mal die Kartoffeln schälen und in mundgerechte Würfel schneiden.

Dann die Zwiebel und den Knoblauch abziehen und fein würfeln. Die Karotten schälen, ebenfalls würfeln. Nutze am besten eine ofenfeste Pfanne für die folgenden Schritte. Die Karotten- gemeinsam mit den Zwiebel- und den Knoblauchwürfeln in 4 EL Olivenöl scharf anbraten.

Das Salz, den Pfeffer und die Kräuter mischen und gemeinsam mit dem Hackfleisch in die Pfanne geben und kurz mitbraten. Honig und Tomatenmark hinzugeben und alles leicht karamellisieren lassen.

Als Nächstes die Kartoffelwürfel in die Pfanne geben und mit den gehackten Tomaten und der Brühe ablöschen. Jetzt mischst du die Hälfte des Cheddars unter und nimmst die Pfanne vom Herd. Wenn die Pfanne sich nicht für den Ofen eignet, kannst du die Masse in eine ofenfeste Form geben. Dann die Pfanne oder Form für 30 Minuten in den Ofen geben.

Jetzt verteilst du den restlichen Cheddar, das restliche Olivenöl und die Petersilie auf der Kartoffelpfanne und überbäckst alles noch mal 5-10 Minuten im Ofen. Wichtig ist, dass die Kartoffeln am Ende gar sind. Zusätzlich kannst du Schmand mit dem Saft einer halben Limette, etwas Salz und Zucker abschmecken und beim Servieren einen Klecks davon auf das Gericht geben.

TIPP

Die restlichen gehackten Tomaten aus der Dose kannst du super für die Pizza Traditionale von Seite 128 verwenden. Den restlichen geriebenen Cheddar kannst du perfekt für die Ofen-Quesadillas von Seite 124 benutzen.

Gemüse-Nuggets mit Sesam-Aioli

30 MINUTEN + 5 MINUTEN FÜR DIE AIOLI

Hier kommt eine richtige Gemüse-Alternative für alle Chicken-Nuggets-Fans! Die Gemüse-Nuggets sind unglaublich lecker und können im Handumdrehen zubereitet werden.

FÜR ZWEI

2 Zucchini (á 200 g)
300 g Champignons
1 weiße Zwiebel
8 EL Sonnenblumenöl
2 TL Salz
gemahlener Pfeffer
1 TL Zucker
3 Eier (Eigelb für die Aioli)
50 g geriebener Parmesan
150 g Paniermehl

FÜR DIE AIOLI

3 Eier (Eiweiß für die Gemüse-Nuggets)
½ unbehandelte Zitrone
½ TL mittelscharfer Senf
1 TL Tahin (Sesampaste)
Salz
Zucker
Pfeffer
1 Zehe Knoblauch
100 ml Sonnenblumenöl

SO GEHT'S

Die Zucchini und die Champignons grob raspeln, die Zwiebel abziehen und fein würfeln. Alles kurz mit 3 EL Sonnenblumenöl in einer heißen Pfanne scharf anschwitzen. Mit dem Salz, 1 Prise Pfeffer und dem Zucker würzen. Das Ganze in einer größeren Schüssel auf Raumtemperatur abkühlen lassen. Nun kannst du die Eier trennen und das Eigelb für die Sesam-Aioli zurück in den Kühlschrank stellen. Das Eiweiß und den geriebenen Parmesan zur Gemüse-Masse geben. Danach die Hälfte des Paniermehls hinzugeben und die Masse gut vermengen.

Diese zu kleinen Nuggets formen und im restlichen Paniermehl wälzen. Wenn du möchtest, kannst du jetzt kurz die Sesam-Aioli zubereiten und die Nuggets anschließend in 5 EL Sonnenblumenöl in einer Pfanne goldbraun ausbacken.

AIOLI

Jetzt kannst du das Eigelb, das von den Veggie-Nuggets übrig geblieben ist, wieder aus dem Kühlschrank holen und für die Aioli verwenden. Du gibst es nun zusammen mit dem Saft und Abrieb der Zitrone, dem Senf, dem Tahin, jeweils 1 Prise Salz, Zucker und Pfeffer in einen hohen Behälter, am besten einen Messbecher, in den der Stabmixer gut passt.
Jetzt presst du die abgezogene Knoblauchzehe oder schneidest sie in feine Würfel und gibst sie ebenfalls in den Becher.
Den Stabmixer setzt du nun auf den Boden des Behälters auf und führst ihn während des Mixens ganz langsam vom Boden nach oben, dabei gibst du ganz langsam das Sonnenblumenöl hinzu. Schon nach kurzer Zeit haben sich die Zutaten mit dem Öl zu einer homogenen Mayonnaise verbunden. Am Ende noch mal mit Salz, Pfeffer und Zucker abschmecken, ordentlich vermengen und fertig ist die Sesam-Aioli. Zu den Nuggets auf die Teller geben und schmecken lassen!

VEGAN | GLUTENFREI | LAKTOSEFREI

Veganes Chili

40 MINUTEN

Als wir auf einer WG-Party mal auf dem Boden saßen und von einer Freundin ein veganes Chili serviert bekamen, waren wir vom Geschmack etwas enttäuscht und fragten sie deshalb nach dem Rezept. Als unsere Freundin dann meinte, dass das Chili aus der Dose stammt, dachten wir: Das muss doch besser und vor allem frischer gehen. Und hier kommt unser Rezept:

FÜR ZWEI

1 Bund Suppengrün (1 Karotte, 50 g Knollensellerie, 50 g Lauch)
200 g Kartoffeln
2 Zwiebeln
1 Zehe Knoblauch
1 rote Chilischote
5 getrocknete Tomaten
3 EL Sonnenblumenöl
1 EL Tomatenmark
1 TL Zucker
300 ml vegane Gemüsebrühe
400 g passierte Tomaten
1 TL Paprikapulver
½ TL gemahlener Kreuzkümmel
1 ½ TL Salz
200 g Kidneybohnen aus der Dose
100 g Mais aus der Dose

SO GEHT'S

Die Karotte, den Sellerie, den Lauch und die Kartoffeln waschen, putzen und in Würfel schneiden. Die Zwiebeln und den Knoblauch fein würfeln. Die Chilischote halbieren und nach Belieben Stiel und Kerne entfernen. Die Chili und die getrockneten Tomaten in feine Streifen schneiden und zusammen mit den Zwiebel- und den Knoblauchwürfeln mit Sonnenblumenöl in einem mittelgroßen Topf glasig anschwitzen. Jetzt gibst du das Tomatenmark und den Zucker dazu und lässt alles leicht karamellisieren. Das Gemüse hinzugeben und kurz mitdünsten. Dann das Ganze mit der Gemüsebrühe und den passierten Tomaten aufgießen. Das Paprikapulver, den Kreuzkümmel und das Salz dazugeben und 30 Minuten leicht köcheln lassen.

Jetzt die Kidneybohnen und den Mais in ein Sieb abgießen, hinzugeben und bei Bedarf noch nachwürzen und Flüssigkeit nachgießen.

Das Chili am besten heiß in einer Schale servieren und, wenn du möchtest, etwas Baguette dazu reichen.

TIPP

Kauf einfach ein Bund Suppengrün, damit hast du das gesamte Gemüse in kleinen Mengen.

Nachos Gratinados

20 MINUTEN + 5-10 MINUTEN IM BACKOFEN

Dieses Rezept ist mehr oder weniger während dem Superbowl entstanden. Mit ein paar Tüten Nachos haben wir es uns bequem gemacht und sind dem Sportevent gefolgt. Irgendwann mitten in der Nacht überkam uns dann ein Heißhunger und viel mehr als die Nachos hatten wir nicht mehr in der WG. Also mussten wir kreativ werden. Entstanden ist dieses unglaublich leckere Gericht.

FÜR ZWEI

1 Tomate
1 Frühlingszwiebel
300 g Hähnchenbrust
Salz
gemahlener Pfeffer
3 EL Sonnenblumenöl
1 Zwiebel
1 EL flüssiger Honig
2 EL dunkler Balsamicoessig
100 g passierte Tomaten
250 g Nachos
1 Avocado
250 g geriebener Cheddar

ADD-ON

Chilipulver
Paprikapulver

SO GEHT'S

Zuerst die Tomate würfeln und die Frühlingszwiebel in feine Ringe schneiden. Die Hähnchenbrust mundgerecht würfeln, mit jeweils 1 Prise Salz und Pfeffer würzen und mit dem Sonnenblumenöl in einer Pfanne scharf anbraten. Die Zwiebel abziehen und würfeln und mit dem Honig zu dem Hähnchen in die Pfanne geben und mitanschwitzen. Jetzt die Tomatenwürfel und Frühlingszwiebelringe in die Pfanne geben und das Ganze mit dem Balsamico ablöschen. Anschließend die passierten Tomaten dazugeben und kräftig mit ½ TL Salz, etwas Pfeffer und, wenn du möchtest, Chili- und Paprikapulver würzen. Jetzt alles für ein paar Minuten köcheln lassen.

Währenddessen kannst du schon den Backofen auf 180 °C Umluft vorheizen und die erste Lage Nachos in eine Auflaufform legen. Dann die Hähnchenpfanne gleichmäßig darauf verteilen. Die Avocado schälen und in Würfel schneiden, leicht salzen und ebenfalls darüber verteilen.

Dann eine zweite Schicht Nachos darüber verstreuen, mit dem geriebenen Cheddar bedecken und 5-10 Minuten in den Ofen geben, bis sich die Nachospitzen leicht braun verfärben. Jetzt gemeinsam heiß genießen!

Lifehack-Flammkuchen

JEWEILS 15 MINUTEN

FÜR ZWEI

200 g Schmand oder Crème fraîche
Saft von ½ Zitrone
Salz
gemahlener Pfeffer
Zucker
4 große Weizentortilla
+ Topping nach Wahl von Seite 95

SO GEHT'S

Vermische den Schmand oder die Crème fraîche mit dem Zitronensaft, Salz, Pfeffer und Zucker und schmecke alles ab. Falls du hast, gib 1 EL Milch dazu, damit die Masse cremiger wird. Die Tortillas auf Backpapier auslegen und mit der Creme bestreichen.

Jetzt kannst du den Ofen schon mal auf 220 °C Ober-/Unterhitze vorheizen. Wichtig: Das Backblech mit vorheizen, damit der Flammkuchen richtig schön knusprig wird. Die herzhaften Flammkuchenböden kommen auf dem Backpapier für 10–12 Minuten in den Backofen und werden goldbraun gebacken.

*Entstanden ist der Lifehack-Flammkuchen nach einem WG-Abend als Resteverwertung. Es gab Tortillas mit allerlei Füllungen. Jede*r konnte sich seine*n Wrap selbst zusammenstellen. Am nächsten Tag war dann, wie leider jedes Mal bei diesem Essen, so einiges übrig. All diese Zutaten wurde auf den Wrap gepackt, in den heißen Ofen geschoben und – geboren war der Lifehack-Flammkuchen! Jeder kann seinen Flammkuchen individuell belegen, somit könnt ihr euch in jeder Runde eine neue Kreation zusammenstellen. Um euch ein paar Ideen zu liefern, haben wir verschiedene Varianten zusammengestellt, darunter sind neben dem elsässischen Klassiker drei ausgefallenere Eigenkreationen. Der erste Schritt ist für alle Varianten gleich und lässt sich daher ganz entspannt vorbereiten.*

TOPPINGS FÜR JEWEILS ZWEI FLAMMKUCHEN

FLEISCH

Elsässer Art

ELSÄSSER ART

1 weiße Zwiebel
125 g Speckwürfel
4 Lauchzwiebeln

Die Zwiebel abziehen, in Streifen schneiden und mit den Speckwürfeln auf den bestrichenen Wrap streuen. Während des Backens kannst du die Lauchzwiebeln in feine Ringe schneiden und zum Schluss über den Flammkuchen geben.

FISCH

Lachs-Tomate-Rucola

LACHS-TOMATE-RUCOLA

1 rote Zwiebel
150 g Kirschtomaten
1 Bund Rucola
200 g geräucherter Lachs

Die Zwiebel abziehen, in Streifen schneiden, die Kirschtomaten vierteln und beides auf den bestrichenen Wrap streuen. Während des Backens kannst du den Rucola waschen und den Lachs in breite Streifen schneiden. Sobald die Flammkuchenböden aus dem Ofen kommen, die Lachsstreifen und den Rucola großzügig darauf verteilen.

VEGETARISCH

Rote-Bete-Ziegenkäse

ROTE-BETE-ZIEGENKÄSE

1 Glas Rote Bete in Scheiben
100 g Ziegencamembert
2 Packungen Kressekeimlinge

ADD-ON
Crema di balsamico

Lass die Rote Bete zuerst abtropfen, den Ziegencamembert in Scheiben schneiden und anschließend alles auf dem bestrichenen Wrap verteilen. Während des Backens kannst du die Kresse mit einer Schere abschneiden und zum Schluss über den Flammkuchen streuen. Wenn du magst, kannst du am Ende auch noch etwas Crema di balsamico über den Flammkuchen träufeln.

VEGETARISCH

Banane-Nutella-Erdnuss

BANANE-NUTELLA-ERDNUSS

4 EL Nutella
2 Bananen
1 Handvoll gesalzene Erdnusskerne

Dafür benötigst du nur den Boden ohne Crème fraîche/Schmand. Darauf verteilst du großzügig die/das Nutella. Die Banane halbierst du der Länge nach, schneidest die beiden Hälften anschließend noch mal in der Mitte durch. Die Bananenviertel legst du auf den mit Nutella bestrichenen Boden und zwar mit der Schnittfläche nach oben. Den belegten Boden mit dem Backpapier auf das heiße Backblech geben und im Ofen etwa 6-8 Minuten backen. Am Ende verteilst du noch die gesalzenen Erdnusskerne darüber – und fertig ist das süß-salzige Dessert.

Für vier Tage sind wir zu Kim gefahren und haben von morgens bis nachts gekocht und geshootet. Die Familie kam immer wieder vorbei, um die Berge an Essen abzuholen. Wir konnten irgendwann kein Essen mehr sehen, aber haben unglaublich viel geschafft und Spaß gehabt.

Kilis Dolce Vita

»La dolce vita« - wohl jede:r kennt ihn, diesen Begriff. Doch vermutlich verstehen ihn die wenigsten so richtig. Oder woran denkst du, wenn du »la dolce vita« hörst?

Ich ertappe mich dabei, wie ich an warme Sommernächte denke und mich gedanklich in eine bessere Zeit versetze. Eine solche war für mich der Sommer 2016 - eine Zeit voller Entspannung und ohne jeglichen Stress. Als wir uns jeden Tag im Freibad trafen und das Erwachsensein noch nicht so viel Verantwortung mit sich brachte. Solch eine Zeit bezeichnen wir Italiener als »dolce vita«. Warum? Weil wir sie mit unseren besten Freunden verbringen. Und damit kommen wir zum Kern meines Kapitels. Hier stellen wir dir modern interpretierte italienische Rezepte vor und ich erzähle etwas aus meiner Kindheit.

Aber vielleicht noch ein kurzes Wort zu mir. Ich komme ursprünglich aus Berlin und studiere zusammen mit Kim Mediendesign an der DHBW in Ravensburg. In unserer Gruppe war ich hauptsächlich für das Fotografieren zuständig, was mir sehr viel Freude bereitet hat. Fotograf in einem Projekt zu sein, in das man außerdem anderweitig involviert ist, bedeutet aber leider auch, dass es von mir selbst nicht ganz so viele Fotos gibt als von den anderen. Ich muss aber zugeben, dass ich mich hinter der Kamera doch etwas wohler fühle als davor.

In diesem Kapitel möchte ich dir vor allem einen wichtigen Teil meiner Kultur näherbringen. Denn nirgendwo sonst wird Essen für mich so sehr zelebriert wie in Italien. Und das geht nur in Gemeinschaft.

Mein bisheriges Leben lang war ich es gewohnt, die Mahlzeiten zusammen mit der Familie einzunehmen. Das gehörte bei uns selbstverständlich dazu. So starteten wir morgens gemeinsam in den Tag und kehrten abends wieder zurück, um ihn auf dieselbe Weise zu beenden. Als ich mein Studium begann und anfangs in einem Zimmer im Studentenwohnheim unterkam, vermisste ich

NASA
National Aeronautics and Space Administration

»Das Essen lieben gelernt habe ich bei meiner Oma in der Toskana.«

dies zunächst. Und als ich dann nach einiger Zeit in eine WG umzog, genoss ich es, endlich nicht mehr allein essen zu müssen, sondern diese Zeit mit meinen Mitbewohnern zu verbringen. Genau wie früher zu Hause. Vermutlich bin ich von uns vieren derjenige, der am wenigsten Erfahrung im Kochen mitbringt. Doch ich glaube, meine Liebe zum Kochen und besonders zum Essen wiegen diese Tatsache allemal auf.

Das Essen lieben gelernt habe ich bei meiner Oma in der Toskana. Seit ich mich erinnern kann, hat sie die leckersten Gerichte gekocht. Oft stand ich neben ihr und habe ihr geholfen. Mindestens genauso oft bin ich nach dem Essen in den Keller geflitzt, um von der unglaublichen Nudelsauce, die dort verstaut war, noch mal zu naschen. Mein Onkel hat als Metzger mit den unterschiedlichsten Sorten italienischer Salami sein Teil dazu beigetragen. Nach jedem Urlaub bei der Familie in Italien sind wir mit Unmengen an Essen wieder zurückgekommen.

Auch auf der deutschen Seite meiner Familie hat Essen immer eine große Rolle gespielt. Ganz besonders groß war hier der Einfluss meines Opas. Jeden Tag pünktlich um 13 Uhr saß er in seinem zerknautschten Sessel, bereit für seine Lieblings-Kochsendung. Er sah aufmerksam zu und notierte sich währenddessen alles Wichtige, um die Gerichte so genau wie möglich nachzukochen. Und an Weihnachten, Ostern und zu jedem anderen Familientreffen tischte er uns ein Festmahl auf.

Ich könnte noch stundenlang weitererzählen, du siehst schon, wie wichtig mir Kochen und Essen sind. Doch bevor du mit meinem Kapitel startest, möchte ich dir noch eines mit auf den Weg geben. Wir vier wollen dir die Liebe zum Kochen näherbringen und unsere Inspirationen sollen dir dabei helfen. Doch allein macht all das nur halb so viel Spaß. Denn Essen sollte man immer teilen. Also hol dir, so oft es geht, Freunde dazu – und lebe ein wenig mehr nach dem Prinzip »dolce vita«!

Dinkel-Hafer-Brot mit Toskana-Aufstrich

10 MINUTEN + 60 MINUTEN IM BACKOFEN

Dieses Rezept ist einer meiner Favoriten im Buch, denn es ist sehr einfach zu machen, geht schnell und schmeckt super lecker. Das Dinkel-Hafer-Brot ist somit perfekt für den Alltag und obendrein sehr gesund. Natürlich kannst du die Walnüsse durch Nüsse deiner Wahl ersetzen und statt der Leinsamen kannst du andere Samen verwenden. Also probier ruhig deine eigenen Kombinationen aus!

FÜR EIN BROT (KASTENFORM, 25 CM)

1 Würfel frische Hefe (42 g)
80 g Walnusskerne
350 g Dinkelvollkornmehl
180 g zarte Haferflocken
50 g Leinsamen
2 TL Salz
2 EL Apfelessig

SPEZIALEQUIPMENT

Kastenkuchenform

SO GEHT'S

Als Erstes die Hefe grob zerbröseln, in 500 ml lauwarmem Wasser auflösen und für ein paar Minuten zur Seite stellen. Jetzt noch kurz die Walnusskerne grob hacken und anschließend mit allen trockenen Zutaten (bis auf etwa 20 g Haferflocken) in eine Schüssel geben. Nach 5 Minuten fügst du das Hefegemisch und den Apfelessig hinzu. Daraufhin alles zu einem homogenen Teig verkneten. Eine Gabel eignet sich hierfür am besten, da der Teig flüssig bleibt.

Die Kastenkuchenform nun mit etwas Butter oder Sonnenblumenöl einfetten und den Teig hineingeben. Das Ganze kannst du mit den restlichen Haferflocken bestreuen und diese etwas festdrücken. Die Form schiebst du anschließend auf mittlerer Schiene in den kalten Ofen und stellst 200 °C Ober-/Unterhitze und 60 Minuten ein. Danach das Brot aus dem Ofen nehmen. Sobald es sich auf lauwarm abgekühlt hat, aus der Form lösen.

TOSKANA-AUFSTRICH FÜR 400 G

30 g Pinienkerne
4 Stängel frisches Basilikum
10 in Öl eingelegte getrocknete Tomaten (oder 2-3 EL Tomatenpesto von Seite XX)
½ kleine rote Zwiebel
1 Zehe Knoblauch
200 g Frischkäse
100 g Schmand
Paprikapulver
Salz
gemahlener Pfeffer
Zucker

Toskana-Aufstrich

Die Pinienkerne röstest du am besten als Erstes kurz in einer Pfanne und lässt sie auf Küchenpapier abkühlen. Dann werden die Basilikumblätter und die getrockneten Tomaten fein geschnitten. Anschließend kannst du die Zwiebel und den Knoblauch abziehen und fein würfeln. Die Pinienkerne dazugeben und mit allen anderen Zutaten in einer Schüssel vermengen. Zum Schluss noch mit etwas Paprikapulver, Salz, Pfeffer und Zucker abschmecken und mit dem warmen Brot genießen.

TIPPS

Mit den übrigen Kernen und Haferflocken kannst du leckeres Granola von Seite 32 zubereiten. Im Kühlschrank hält sich der Aufstrich gut verschlossen auf jeden Fall 5 Tage. Den restlichen Schmand kannst du super für die Rote-Bete-Knödel mit Salat von Seite 46, die Kartoffelpfanne aus dem Ofen von Seite 86 oder die Süßkartoffelkumpir von Seite 78 verwenden.

Der Besuch auf dem Ravensburger Wochenmarkt ist ein fester Bestandteil unseres Wochenendes. Was bei meinem Einkauf nicht fehlen darf, ist ein ganz bestimmter Aufstrich, den ich immer am selben Stand kaufe. Umso schwerer fallen mir die Wochenenden im Jahr, die ich nicht in Ravensburg verbringe. Um dem entgegenzuwirken, haben wir einfach einen eigenen Aufstrich kreiert.

Wassermelonen-Feta-Salat

10 MINUTEN

Wegen der Wassermelone eignet sich dieser Salat perfekt für die heißen Sommertage. Er kann sowohl als Grillbeilage dienen, aber auch ideal mit an den See genommen werden und bildet eine perfekte Abkühlung für zwischendurch.

FÜR ZWEI GROSSE ODER VIER KLEINE PORTIONEN

½ Wassermelone (etwa 800 g)
1 Limette
2 TL flüssiger Honig
2 EL Olivenöl
1 Prise Salz
4 Stängel frische Minze
200 g Feta
gemahlener Pfeffer
Zucker

ADD-ON

Walnuss- oder Pinienkerne

SO GEHT'S

Die Wassermelone wird zu Beginn in etwa 2 cm dicke Scheiben geschnitten. Anschließend entfernst du die Schale, schneidest das Fruchtfleisch in mundgerechte Würfel und gibst alles in eine Schüssel.

Für das Dressing wird der Saft der Limette mit dem Honig, dem Olivenöl und dem Salz verrührt. Daraufhin die Minze waschen, grob schneiden und anschließend zu den Melonenwürfeln geben.
Den Feta zerbröseln und ebenfalls zur Wassermelone geben.Nun alles mit dem Dressing marinieren und etwa 5 Minuten ziehen lassen.

Zum Schluss mit etwas Salz, Pfeffer und Zucker nachwürzen. Wenn du möchtest, kannst du noch ein paar geröstete Nusskerne über den Salat geben. Am besten leicht gekühlt servieren!

Artischocken-Kiwi-Salat

10 MINUTEN

Artischocken und Kiwi – zwei Zutaten, die ich so schnell auch nicht kombiniert hätte. Doch nachdem Fabi mir davon erzählt hatte und wir die Kombi gemeinsam ausprobierten, konnte ich kaum genug davon bekommen. Eine perfekte Mischung von süß, sauer und herzhaft. Da die Portion nicht ganz so groß ist, eignet sich der Salat gut als Vorspeise oder als Snack während des Lernens.

FÜR EINE*N

150 g Artischockenherzen aus dem Glas
Salz
gemahlener Pfeffer
2 EL Olivenöl
1 Kiwi
2 EL gesalzene Erdnusskerne
3 Stängel frische glatte Petersilie
1 TL flüssiger Honig
1 TL weißer Balsamicoessig

SO GEHT'S

Du beginnst, indem du die Artischockenherzen viertelst, mit jeweils 1 Prise Salz und Pfeffer würzt und mit 1 EL Olivenöl in einer Pfanne anbrätst. Anschließend die Kiwi schälen und in dünne Scheiben schneiden. Die gebratenen Artischocken mit den Kiwi-Scheiben, den gesalzenen Erdnusskernen und etwas geschnittener Petersilie vermengen. Das Ganze mit dem Honig, dem Balsamico, 1 EL Olivenöl sowie jeweils 1 Prise Salz und Pfeffer marinieren. Den Salat am besten mit etwas Weißbrot oder Fladenbrot genießen.

Nudelsalat Italian Style

15 MINUTEN

Ein ideales Gericht für heiße Sommertage, die man mit Freunden im Garten verbringt. Der Nudelsalat eignet sich auch super als Grillbeilage, aber genauso gut als kleiner Sattmacher für zwischendurch.

FÜR VIER

500 g Penne
250 g Kirschtomaten
100 g in Öl eingelegte getrocknete Tomaten
250 g Mozzarella
3 EL Olivenöl
Salz
gemahlener Pfeffer
1 Bund Rucola
100 g roher italienischer Schinken
Crema di balsamico

SO GEHT'S

Als Erstes werden die Penne al dente gekocht und zum Schluss unter kaltem Wasser abgeschreckt.

Währenddessen kannst du die Kirschtomaten, die getrockneten Tomaten und den Mozzarella in mundgerechte Stücke oder Streifen schneiden und unter die Nudeln mengen. Das Ganze mit dem Olivenöl, Salz und Pfeffer abschmecken und in eine große Schüssel oder vier kleinere Schalen geben.

Den geschnittenen Rucola und den gezupften Schinken darüberstreuen und zuletzt den Balsamico großzügig daraufträufeln. Fertig ist der Nudelsalat Italian Style!

GLUTENFREI | LAKTOSEFREI

Pesto rosso e verde

15 MINUTEN

Wenn eines nicht fehlen darf in meinem Kapitel, dann ist es Pasta! Dazu esse ich super gerne Pesto, natürlich am liebsten selbst gemachtes, ganz frisches. Die beiden Pesti sind sowohl für Pasta als auch für einen Brotaufstrich zu Antipasti super geeignet.

VEGAN

Tomatenpesto

FÜR VIER

300 g Kirschtomaten
1 Zehe Knoblauch
100 g in Öl eingelegte getrocknete Tomaten samt dem Öl
1 TL Zucker
1 TL Salz
gemahlener Pfeffer
½ unbehandelte Zitrone
Nusskerne deiner Wahl

Fange an, indem du die Kirschtomaten halbierst, die Knoblauchzehe abziehst und in kleine Stücke schneidest. Erhitze nun eine Pfanne mit etwas Öl der getrockneten Tomaten und schwitze beides darin für längere Zeit auf mittlerer Stufe an. Gib anschließend den Zucker, das Salz und etwas Pfeffer hinzu und verrühre alles, bis die Konsistenz marmeladig wird. Dann gibst du die getrockneten Tomaten und den Abrieb von der Zitronenschale hinzu und lässt das Ganze abkühlen.
Als Nächstes Nusskerne in einer Pfanne anrösten und diese anschließend mit allen Zutaten in einen Mixer geben. Jetzt kannst du noch 3–4 EL des Öls der getrockneten Tomaten hinzugeben und das Ganze mixen, bis eine cremige Masse entsteht. Und schon ist es fertig!

Bärlauch-Basilikum-Pesto

FÜR ZWEI

30 g Walnusskerne (oder auch andere Nusskerne deiner Wahl)
30 g frischer Bärlauch
20 g frisches Basilikum mit Stängeln
50 g Olivenöl
1 EL Zitronensaft
30 g geriebener Parmesan
1 Prise Salz

Zuerst werden die Walnusskerne in einer Pfanne ohne Fettzugabe geröstet. Anschließend werden der Bärlauch, das Basilikum, die gerösteten Walnusskerne, das Olivenöl, der Zitronensaft, der geriebene Parmesan und das Salz in einen Mixer gegeben oder mit dem Stabmixer gemixt. So schnell ist dein Pesto selbst gemacht!

TIPP

Wenn die Jahreszeit unpassend ist, kannst du bei diesem Rezept statt des Bärlauchs auch die gleiche Menge Rucola und zusätzlich ½ Knoblauchzehe verwenden.

Kürbis-Nudel-Gorgonzola-Auflauf

25 MINUTEN + 15 MINUTEN IM BACKOFEN

Wenn man zu mehreren etwas kochen möchte, eignen sich Aufläufe dafür hervorragend. So ist nicht nur ausreichend für alle da, sondern man kann sich auch in der Zubereitung die Arbeit prima aufteilen. Dieser Auflauf bietet sich besonders für den Herbst an, wenn die Tage wieder etwas kürzer und kälter werden und die Kürbissaison im vollen Gange ist.

FÜR VIER

½ Kürbis (z. B. Hokkaido)
1 rote Zwiebel
3 EL Sonnenblumenöl
Salz
Pfeffer
50 g Walnusskerne
400 g Sahne
150 g Gorgonzola
50 g getrocknete Cranberrys
1 Bund Rucola
400 g Nudeln (kurze Maccheroni)
150 g geriebener Käse

SO GEHT'S

Den gewaschenen Kürbis (Hokkaido braucht nicht geschält werden) und die abgezogene Zwiebel in kleine Würfel schneiden und beides in einem großen Topf mit dem Sonnenblumenöl anschwitzen. Alles 5 Minuten anbraten und mit Salz und Pfeffer würzen. Währenddessen in einem weiteren Topf Wasser aufkochen, dann kräftig salzen. Inzwischen den Backofen auf 200 °C Umluft vorheizen.

Die Walnusskerne werden grob gehackt und zum Kürbis gegeben. Anschließend mit der Sahne ablöschen und den Gorgonzola stückweise dazugeben, alles kurz aufkochen lassen und miteinander verrühren. Dann die Cranberrys hinzugeben und den Rucola unterrühren.

Nebenbei die Nudeln 5 Minuten im Topf kochen und danach abgießen. Anschließend zur Sauce geben, alles verrühren, nochmals abschmecken. In eine Auflaufform füllen und mit geriebenem Käse bestreuen. Zum Schluss kommt der Auflauf für 15 Minuten in den Ofen und dann kannst du ihn mit deinen Freunden genießen.

TIPP

Den restlichen Kürbis kannst du perfekt für die Kürbis-Paprika-Pfanne mit Reis von Seite 40 oder den Mediterranen Ofen-Kürbis mit Feta von Seite 126 verwenden.

One-Pot-Pasta mit weißer Bolognese

20 MINUTEN + 30 MINUTEN IM BACKOFEN

One-Pot-Pasta haben wir zu Hause tatsächlich selten gemacht. Normalerweise werden alle Komponenten separat voneinander gekocht. Aber seit ich dieses Rezept kenne, muss ich gestehen, dass ich es schon sehr oft nachgekocht habe. Es ist einfach vorzubereiten und schmeckt unglaublich lecker.

FÜR ZWEI

1 rote Zwiebel
2 Karotten
8–10 in Öl eingelegte getrocknete Tomaten
1 Zehe Knoblauch
150 g gemischtes Hackfleisch
2 TL Honig
2 TL Salz
2 Prisen Pfeffer
100 ml trockener Weißwein
250 ml Gemüsebrühe
200 g Sahne
100 g geriebener Parmesan
200 g kleine Pasta
1 Mozzarella
100 g Tiefkühlerbsen

ADD-ON

½ Bund Frühlingslauch

SO GEHT'S

Zunächst den Ofen auf 180 °C Umluft vorheizen. Dann die abgezogene Zwiebel, die Karotten und die getrockneten Tomaten würfeln und den Knoblauch fein schneiden.

Das Hackfleisch mit dem geschnittenen Gemüse in etwas Öl von den getrockneten Tomaten in einer großen ofenfesten Pfanne oder einem flachen Topf anschwitzen. Mit dem Honig, dem Salz und dem Pfeffer das Ganze karamellisieren. Dann mit dem Weißwein ablöschen und die Brühe und die Sahne hinzugeben. Den Parmesan und die Pasta mit in die Pfanne geben und gut vermengen.

Jetzt das Ganze für 20–25 Minuten in den Ofen geben, bis die Pasta al dente ist. Danach den Mozzarella würfeln und die Hälfte davon gemeinsam mit den gefrorenen Erbsen untermengen und die zweite Hälfte des Mozzarellas über die Pasta verteilen. Anschließend kommt alles noch einmal für 5–10 Minuten in den Ofen, bis es goldbraun gebacken ist.

Zum Schluss optional den geschnittenen Frühlingslauch darübergeben und genießen!

TIPP

Die restlichen Erbsen kannst du perfekt für das Gebratene Lachsfilet mit Erbsen, Süßkartoffelpüree und Weißweinsauce von Seite 170 verwenden.

Tortellini-Auflauf mit Spinat und Balsamicozwiebeln

30 MINUTEN + 15 MINUTEN IM BACKOFEN

Der Tortellini-Auflauf ist eines meiner Lieblingsrezepte aus unserem Buch. Er eignet sich vor allem dann, wenn du ein paar Leute zu Besuch hast. Denn er schmeckt nicht nur besonders gut, sondern ist auch ganz einfach vorzubereiten!

FÜR VIER

4 weiße Zwiebeln
3 Zehen Knoblauch
400 g Sahne
150 g geriebener Parmesan
gemahlener Pfeffer
500 g frischer Spinat
500 g Tortellini mit Ricotta-Spinat-Füllung
250 g geriebener Käse
3 EL Sonnenblumenöl
3 TL Zucker
1 Prise Salz
3 EL dunkler Balsamicoessig
1 Bund Rucola

SO GEHT'S

Zuerst die Zwiebeln abziehen und in Streifen schneiden, dann die Knoblauchzehen abziehen und in feine Würfel schneiden oder pressen. Als Nächstes nimmst du die Sahne und kochst sie mit dem Knoblauch in einem Topf auf. Sobald die Sahne köchelt, gibst du nach und nach den geriebenen Parmesan hinzu und würzt mit etwas Pfeffer. Dabei ist wichtig, dass du durchgehend umrührst, damit sich alles schön vermischt und keine Klumpen durch den Parmesan entstehen.

Als Nächstes gibst du den Spinat hinzu und anschließend die Tortellini. Hier musst du darauf achten, welche du gekauft hast. Es kann nämlich sein, dass du diese erst vorkochen musst, bevor du sie in die Sahne gibst. Anschließend lässt du das Ganze auf mittlerer Stufe etwa 3–4 Minuten köcheln. In dieser Zeit kannst du den Ofen auf 200 °C Umluft vorheizen.

Dann kannst du die Tortellini vom Herd nehmen und alles in die Auflaufform geben. Den geriebenen Käse darüberstreuen und für etwa 15 Minuten in den Ofen geben, bis der Käse goldbraun ist. Nebenbei kannst du das Sonnenblumenöl in einer Pfanne erhitzen. Dann die Zwiebelstreifen zugeben, anschwitzen und mit dem Zucker und dem Salz würzen. Nach etwa 4–5 Minuten löschst du die Zwiebeln mit dem Balsamico ab, lässt das Ganze 1 Minute einkochen und stellst es beiseite.

Sobald der Auflauf fertig ist, kannst du ihn aus dem Ofen nehmen, mit den Balsamicozwiebeln belegen und etwas zerkleinerten Rucola darüberstreuen. Auf Teller verteilen und heiß servieren. Guten Appetit!

All-in-one-Gemüselasagne

15 MINUTEN + 40 MINUTEN IM BACKOFEN

Lasagne – wer liebt sie nicht? Sie sind super einfach in der Zubereitung und eignen sich perfekt für größere Runden. Meistens bleibt sogar etwas übrig, sodass man am nächsten Tag noch einmal davon essen kann.
Leider gibt es das Gericht bei mir nicht so oft, denn traditionelle Lasagne ist etwas zeitaufwendiger. Wenn du keine Lust auf 08/15-Lasagne mit Hackfleisch hast oder vegetarische Ernährung bevorzugst, ist diese Lasagne die optimale Lösung! Zusätzlich erspart dir unsere All-in-one-Variante durch einen Béchamelersatz eine Menge Zeit und ist super einfach in der Zubereitung. Man benötigt lediglich 15 Minuten und gibt die Lasagne dann nur noch in den Ofen!
Viel Spaß beim Ausprobieren!

FÜR VIER

1 Aubergine (etwa 300 g)
1 Zucchini (etwa 200 g)
4 Tomaten
2 Zehen Knoblauch
500 g passierte Tomaten
4 TL Salz
3 TL Zucker
2 Prisen gemahlener Pfeffer
400 g Crème fraîche
500 g Lasagneblätter
200 g geriebener Käse

SO GEHT'S

Heize zunächst den Ofen auf 180 °C Umluft vor. Anschließend schneidest du das Gemüse in dünne Scheiben. Als Nächstes die abgezogenen Knoblauchzehen fein hacken und mit den passierten Tomaten vermengen. Diese Sauce mit 3 TL Salz, dem Zucker und dem Pfeffer abschmecken. Für den Béchamelersatz einfach die Crème fraîche mit 1 TL Salz und etwas Pfeffer vermengen.

Jetzt beginnst du, die Lasagnenblätter in der Auflaufform zu schichten. Dafür zuerst etwas Tomatensauce in die Form geben und anschließend die erste Schicht Nudelplatten verteilen. Ab jetzt immer eine Schicht Crème fraîche, dann eine dünne Schicht Gemüse, darüber etwas Tomatensauce und dann wieder die Nudelblätter auslegen. Diese Reihenfolge weiterführen, bis die Form voll ist. Du musst nur aufpassen, dass du mit einer Nudelschicht aufhörst. Diese bestreichst du mit der restlichen Crème fraîche und verteilst den Käse als Letztes über dem Ganzen.

Die Lasagne kommt nun für 40 Minuten in den Ofen, bis das Gemüse und die Nudelplatten gar sind und der Käse goldbraun ist. Jetzt kannst du die Lasagne am besten in guter Gesellschaft genießen.

»Nonna, dov'è il sugo?«

Das habe ich immer meine Oma gefragt, als ich vom Ragù essen wollte. Wie du bereits in meiner Einleitung gelesen hast, hat meine Familie großen Einfluss darauf gehabt, wie wichtig Essen und Kochen für mich ist. Allen voraus meine Oma aus Italien. Umso wichtiger war es mir, dass dieses Familienrezept mit ins Kochbuch kommt.

Seit ich mich daran erinnern kann, gab es bei ihr diese Sauce zur Pasta. Allein der Geruch transportiert mich zurück in eine simplere Zeit. Ich kann mich daran erinnern, dass wir, bevor wir im Sommer nach Italien gefahren sind, meine Oma anriefen und baten, dass sie doch bitte ein paar Gläser schon mal vorbereiten solle, damit wir diese wieder nach Deutschland mitnehmen können. Vor ein paar Jahren habe ich dann angefangen, das Rezept selbst nachzukochen, was anfangs nicht ganz so leicht war. Dieses Rezept ist bisher noch nie aufgeschrieben worden. Somit musste meine Tante mir über das Telefon erklären, wie meine Oma und sie das Gericht immer zubereiten. Nach ein paar Versuchen hat es fast so gut geschmeckt wie bei meiner Oma. Aber wie du vielleicht auch weißt, gehört zu dem perfekten Geschmack auch das richtige Ambiente und die richtige Umgebung. Doch obwohl nicht unter italischem Himmel, ist die Sauce auch in Deutschland eine Gaumenfreude! Ich bin sehr stolz, dass es dieses Rezept ins Kochbuch geschafft hat, weil du somit die Möglichkeit bekommst, ein so tolles und einfaches Familienrezept kennenzulernen.

NASA
National Aeronautics and Space Administration

Ragù della Nonna

35 MINUTEN + 3 STUNDEN IM TOPF

FÜR ACHT

3 weiße Zwiebeln
3 Zehen Knoblauch
3 Karotten
½ Staudensellerie
5 EL Sonnenblumenöl
1,2 kg Rinderhackfleisch
2 EL Tomatenmark
250 ml trockener Weißwein
2 kg gehackte Tomaten aus der Dose
1 Bund frische glatte Petersilie
10 Salsiccia (etwa 600 g, grobkörnige Rohwurstspezialität)

SO GEHT'S

Zu Beginn die Zwiebeln und den Knoblauch abziehen, in feine Würfel schneiden und das restliche Gemüse mit einer Reibe fein raspeln. Anschließend 3 EL Sonnenblumenöl in einem großen Topf erhitzen und das Gemüse darin anbraten.

Nach ein paar Minuten das Hackfleisch zum Gemüse geben und mitbraten. Sobald das Hackfleisch angebraten ist, das Tomatenmark hinzugeben und kurz mitanschwitzen. Dann alles mit dem Weißwein ablöschen, einkochen lassen und anschließend die gehackten Tomaten hinzugeben.

Die Petersilie fein hacken und ebenfalls dazugeben. Die Salsiccia aufschneiden, das Innere herausholen und in kleine Stücke zupfen. Diese werden nun in einer Pfanne mit 2 EL Sonnenblumenöl angebraten und anschließend in den großen Topf gegeben.

Alles abschmecken und aufkochen lassen, dann die Temperatur reduzieren und bei geschlossenem Deckel etwa 3 Stunden langsam köcheln lassen, dabei immer wieder umrühren.

Mit frisch gekochter Pasta, Parmesan und Basilikumblättern genießen!

TIPP

Bei diesem Klassiker wollten wir bei acht Portionen bleiben, um das italienische Lebensgefühl besser transportieren zu können. Du kannst dir aber auch einfach nach dem Kochen ein paar Portionen auf Vorrat einfrieren.

VEGETARISCH | GLUTENFREI

Ofen-Quesadillas

35 MINUTEN + 20 MINUTEN IM BACKOFEN

Wie du vielleicht schon bei Tim oder Kim mitbekommen hast, sind wir große Fans von Granatapfel. Auch hier haben wir ihn als Add-on zu den ohnehin schon sehr leckeren Quesadillas hinzugefügt, da er als süße Komponente das Gericht zusätzlich aufwertet. Die Ofen-Quesadillas eignen sich hervorragend für einen WG-Abend und sind durch die Falttechnik auch ohne jegliche Missgeschicke zu genießen.

FÜR VIER

1 Süßkartoffel (etwa 200 g)
1 rote Zwiebel
1 Zehe Knoblauch
4 EL Olivenöl
Salz
gemahlener Pfeffer
Zucker
100 g frischer Spinat
3 EL Frischkäse
100 g Feta
4 große oder 6 kleine Maistortillawraps
150 g geriebener Cheddar

ADD-ON

½ Granatapfel

SO GEHT'S

Du beginnst damit, die Süßkartoffel grob zu raspeln. Die abgezogene Zwiebel und den abgezogenen Knoblauch fein würfeln. Alles zusammen in einer Pfanne in 3 EL Olivenöl anschwitzen und mit etwas Salz, Pfeffer und 1 Prise Zucker würzen. Den Spinat hinzugeben, untermengen und für 2 Minuten mitanschwitzen. Danach den Frischkäse dazugeben und die Pfanne vom Herd nehmen. Zum Schluss den Feta würfeln und untermischen.

Jetzt den Ofen auf 180 °C Umluft vorheizen. Die Wraps auf einer Hälfte mit der Füllung großzügig bestreichen und mit dem geriebenen Cheddar und den Granatapfelkernen bestreuen. Die nicht bestrichene Seite bis zur Hälfte einschneiden, dann einschlagen, sodass du Viertel erhältst. Dann die Wraps auf ein Backblech oder in eine andere Ofenform geben. Die Quesadillas mit 1 EL Olivenöl leicht bestreichen und 20 Minuten im Ofen backen.

TIPP

Dazu passt perfekt der Avocado-Koriander-Dip von Seite 151. Den restlichen Granatapfel und den übrigen Feta kannst du perfekt für den Linsen-Granatapfel-Salat von Seite 36 verwenden. Ansonsten kannst du den restlichen Feta auch für das Griechischer-Salat-Sandwich von Seite 70, den Rote-Bete-Brombeer-Salat von Seite 142 oder die Shakshuka von Seite 156 nehmen. Den restlichen geriebenen Cheddar kannst du gut für die Kartoffelpfanne aus dem Ofen von Seite 86 benutzen.

Mediterraner Ofen-Kürbis mit Feta

15 MINUTEN + 20 MINUTEN IM BACKOFEN

Meine Rezepte sind meist italienisch angehaucht, schließlich heißt das Kapitel ja auch Kili's Dolce Vita. Doch manchmal hat sich auch ein nichtitalienisches Gericht eingeschlichen. So wie dieses hier. Es erinnert mich sehr an die Sommer, die ich mit meiner Familie in Südfrankreich verbracht habe. Der Rosmarin verleiht dem Ganzen eine provenzalische Note. Außerdem eignet sich das Rezept super, um den Herbst einzuleiten.

FÜR EINE*N

½ Kürbis (wir empfehlen Hokkaido)
1 kleine rote Zwiebel
1 TL Salz
2 TL Honig
1 Prise gemahlener Pfeffer
4 EL Olivenöl
1 EL dunkler Balsamicoessig
4 Zweige frischer Rosmarin
100 g Feta

SO GEHT'S

Zuerst den Ofen auf 180 °C Ober-/Unterhitze vorheizen. Dann den Kürbis (Hokkaido braucht nicht geschält zu werden) und die abgezogene Zwiebel grob in mundgerechte Stücke schneiden und in eine Schüssel geben. Das Gemüse mit dem Salz, dem Honig, dem Pfeffer, dem Olivenöl und dem Balsamico marinieren. Anschließend kannst du aus Alufolie eine Schale basteln und das Gemüse in diese Form hineingeben. Die Rosmarinzweige in der Masse verteilen und den Feta darüberbröseln.

Das Ganze wird für etwa 20 Minuten in den Ofen gegeben, bis alles goldbraun ist. Vor dem Anrichten noch mal mit etwas Olivenöl und Balsamico beträufeln. Guten Appetit!

TIPP

Den restlichen Kürbis kannst du perfekt für die Kürbis-Paprika-Pfanne mit Reis von Seite 40 oder den Kürbis-Nudel-Gorgonzola-Auflauf von Seite 113 verwenden. Den restlichen Feta kannst du für den Linsen-Granatapfel-Salat von Seite 36, das Griechischer-Salat-Sandwich von Seite 70, den Rote-Bete-Brombeer-Salat von Seite 142 oder die Shakshuka von Seite 156 benutzen.

Pizza tradizionale

30 MINUTEN + 60 MINUTEN RUHEZEIT + 7-8 MINUTEN IM BACKOFEN

FÜR VIER

FÜR DEN TEIG

15 g frische Hefe
1 Prise Zucker
500 g Weizenmehl
(Type 405 oder 00)
15 g Salz

FÜR DIE TOMATENSAUCE

2 Zehen Knoblauch
2 Stängel frisches Basilikum
1½ TL Salz
1 Prise gemahlener Pfeffer
1 TL Zucker
½ TL Oregano
600 g stückige Tomaten aus der Dose

FÜR DEN BELAG

2-3 Kugeln Mozzarella
(je nachdem, wie gern du ihn magst)
weitere Zutaten nach eigener Wahl

TIPP

Die restlichen gehackten Dosentomaten kannst du super für die Kartoffelpfanne aus dem Ofen von Seite 86 verwenden.

SO GEHT'S

Zwar scheint die Zubereitung des Pizzateigs sehr einfach und simpel zu sein, was sie gewissermaßen auch ist, aber trotzdem kann dabei noch einiges falsch gemacht werden. Aber genau dafür bin ich ja zur Unterstützung da.

Als Erstes wird die Hefe mit dem Zucker in 300 ml lauwarmes Wasser gegeben, umgerührt und 5 Minuten stehen gelassen. Anschließend gibst du das Mehl in eine große Schüssel, fügst das Salz hinzu und vermischst beides mit den Händen ein wenig. Daraufhin kannst du das Wasser mit der Hefe zum Mehl hinzugeben und mit den Händen oder einer Gabel gut vermischen. Falls du Kraft und Ausdauer hast, würde ich dir raten, den Teig mit den Händen zu kneten. Falls du dir aber die Mühe nicht machen willst, ist es natürlich auch völlig in Ordnung, eine Maschine zu benutzen. Der Teig muss jedenfalls etwa 15 Minuten geknetet werden. Einen fertigen Hefeteig erkennst du daran, dass er dir nicht mehr an den Händen kleben bleibt. Wenn du damit fertig bist, teilst du den Teig in vier kleinere Stücke und drehst aus ihnen kleine Bälle. Dann vier Schüsseln mit Mehl bestreuen, die Teigstücke hineinlegen, noch etwas Mehl darüberstreuen und mit einem feuchten Tuch bedecken.
Das Ganze muss jetzt mindestens 1 Stunde gehen. Überprüfe in dieser Zeit ein paar Mal, ob das Tuch noch feucht ist. Falls nicht, dann feuchte es ruhig noch einmal an. Wichtig ist hier, dass sich keine trockene Haut auf dem Teig bildet.

Währenddessen kannst du schon mal die Tomatensauce zubereiten. Dazu die abgezogene Knoblauchzehe in feine Würfel und das Basilikum in dünne Streifen schneiden. Gemeinsam mit dem Salz, dem Pfeffer, dem Zucker und dem Oregano unter die stückigen Tomaten rühren.

Sobald die Stunde um ist, kannst du anfangen, den Teig auszurollen. Wenn du die gewünschte Größe erreicht hast, kannst du mit den Fingern am Rand noch eine Erhöhung formen. Anschließend gibst du ein wenig von der Tomatensauce auf den Teig. Aber nicht zu viel, sonst weicht er beim Backen durch.

Jetzt kannst du den Backofen schon mal auf 250 °C Ober-/Unterhitze vorheizen. Dann den Mozzarella grob zupfen und auf der Pizza verteilen. Daraufhin kannst du deine Pizza nach deinem Belieben belegen und auf einem mit Backpapier belegten Backblech etwa 7-8 Minuten backen.

Viel Spaß beim Pizza-Abend!

Die Pizza hat in meiner WG tatsächlich schon Tradition. Seit ich vor ein paar Jahren angefangen habe, selbst Pizza zu machen, werde ich ständig gefragt, wann es denn wieder Pizza gibt. In irgendeinem Semester legten ein paar Freunde von mir fest, dass der Dienstag ab sofort Pizza-Tag sei und sie nun immer dienstags zum Pizza-Essen vorbeikommen würden. Zum Glück hat sich das nicht ganz so fest etabliert, aber ich bereite sie trotzdem sehr gerne zu.

Basilikum-Mascarpone-Creme mit Honigmelone

10 MINUTEN

Zu einem richtigen italienischen Essen gehört immer ein süßer Gang zum Abschluss dazu. Italienische Desserts, »dolce« genannt, sind auch in Deutschland zu Klassikern geworden. Das bekannteste ist wahrscheinlich das Tiramisu. Doch wir haben hier für dich eine etwas andere Art, Mascarpone zu einem süßen Dessert zu verarbeiten.

FÜR ZWEI

100 g Sahne
250 g Mascarpone
1 unbehandelte Zitrone
25 g Zucker
½ Bund frisches Basilikum
1 kleine Honigmelone

SO GEHT'S

Als Erstes die Sahne steif schlagen. Hierzu eignet sich am besten ein Handrührgerät. Du kannst das Ganze zwar auch per Hand machen, das erfordert aber eine Menge Kraft und Ausdauer und kann gerne mal 15 Minuten dauern. Sobald du damit fertig bist, kannst du den Mascarpone hinzugeben.

Dann den Abrieb und den Saft der Zitrone mit dem Zucker verrühren und anschließend untermengen. Das Basilikum jetzt nur noch fein schneiden, dazugeben und locker vermengen.

Zum Schluss die Honigmelone aufschneiden, entkernen, in mundgerechte Stücke schneiden und anrichten.

TIPP

Statt der Honigmelone kannst du natürlich auch anderes Obst zur Mascarponecreme kombinieren.

Cantuccini

20 MINUTEN + 35 MINUTEN IM BACKOFEN

Viele, die mich kennen, wissen, dass ich keinen Tag ohne einen Espresso verbringen kann. Morgens nach dem Aufwachen ist das Erste, was ich mache: meinen geliebten Siebträger an und den Kaffee genießen! Doch zu einem guten Espresso gehören bei mir auch immer Cantuccini. Durch das doppelte Backen lassen sie sich lange in geschlossenen Behältern aufbewahren und die Cantuccini verlieren trotz allem nicht ihren einzigartigen Geschmack.

FÜR EIN GROSSES GLAS

200 g Mandelkerne ohne Haut
1 unbehandelte Zitrone
130 g weiche Butter
400 g Weizenmehl (Type 405)
½ Päckchen Backpulver (7–8 g)
2 Päckchen Vanillezucker (30 g)
200 g Zucker
3 Eier

ADD-ON

Bittermandelöl

SO GEHT'S

Als Erstes den Ofen auf 170 °C Ober-/Unterhitze vorheizen. Daraufhin werden die Mandeln in einer Pfanne ohne Fett leicht geröstet und dann für einen kurzen Moment beiseitegestellt. Anschließend den Abrieb der Zitronenschale zusammen mit den anderen Zutaten und, wenn du möchtest, etwas Bittermandelöl, verrühren, bis ein fester Rührteig entsteht. Danach die gerösteten Mandeln untermengen.

Vier längliche, flache Laibe formen und auf zwei Backblechen mit Backpapier platzieren. Jedes Blech bei 170 °C Ober-/Unterhitze etwa 25 Minuten im Ofen backen.

Anschließend schneidest du die Laibe mit einem Messer in diagonale Stücke und bäckst sie weitere 10 Minuten. Anschließend abkühlen lassen.

Zum Schluss das Ganze mit einem guten Espresso genießen! Gut verschlossen halten sich die Cantuccini einige Wochen.

Für unsere Shootings waren wir in den unterschiedlichsten Locations. Mal bei Tim im Restaurant oder im Keller, bei Fabi im Garten oder in München bei seiner Oma, bei Kim auf dem Balkon oder am Grillplatz. Ach ja, und das Apfel-Rote-Bete-Porridge haben wir bei Kili auf dem Bett fotografiert.

Immer am Esstisch wäre ja langweilig …

Die Welt der Sterne

»Haute Cuisine« ist ein international geläufiger Begriff für die sogenannte gehobene Küche. Aber warum heißt dieses Kapitel so? Tja, ganz einfach: Ich durfte unter der Kochlegende Heinz Winkler eine Ausbildung zum Koch in seinem Sternerestaurant absolvieren. So habe ich gelernt, was Spitzenküche bedeutet und was sie ausmacht.

Nun möchte ich dir einen kleinen Einblick in die Welt der Sternegastronomie gewähren. Wir haben dazu für dieses Kapitel solche Gerichte ausgewählt, die vermeintlich etwas komplizierter sind, aber in der Rezeptur so gestaltet sind, dass sie dennoch sicher klappen. Dazu möchten wir dir in diesem Kapitel noch ein paar Tipps geben und unterschiedliche Kochtechniken zeigen. Diese kannst du natürlich in Zukunft auch auf alles anwenden, was du kochst.

Wenn du dich von Anfang an bis hierher durchgearbeitet hast, hast du schon drei mega Kapitel hinter dir, in denen wir versucht haben, für dich sinnvolle und vor allem inspirierende Gerichte zu erschaffen. Somit hast du in jeder Situation deines Studentenlebens das richtige Rezept parat. Mit meinem Kapitel möchte ich dem Ganzen die Krone aufsetzten. Jetzt folgen Rezepte, die sehr gut schmecken, aussehen und eindrucksvoll klingen, kurz gesagt: »einfach was hermachen«. Mit diesen Gerichten kannst du sowohl bei einem Date als auch bei Freunden punkten. Gleichzeitig sind die Gerichte echt leicht nachzukochen und du benötigst auch hier wie gehabt nicht viele Zutaten.

Nun zu mir: Ich bin Fabi, komme aus München und studiere derzeit zusammen mit Tim Hotel- und Gastronomiemanagement. Nach meinem Abi absolvierte ich die besagte Kochausbildung, was dir in diesem Kochbuch und besonders in diesem Kapitel zugutekommen wird. Damals habe ich gelernt, was Kochen wirklich bedeutet und was frische Zutaten, Zubereitungstechniken und vor allem Leidenschaft in einem Gericht entfalten können.

Außerdem hab ich bemerkt, dass Kochen eigentlich gar nicht so schwer ist, wenn man ein paar Grundregeln beherrscht und motiviert ist, Neues zu lernen. Ich koche super gerne mit frischen Zutaten und hatte das leider in den ersten paar Monaten meines Studiums ein wenig aus den Augen verloren. Schnell ist mir aufgefallen, wie wenig Lust ich auf meine lieblos zubereitete Pasta hatte. Daraufhin habe ich eingesehen, dass ich daran schnellstens etwas ändern muss. Ich erfuhr aus meinem Freundeskreis, dass ich mit diesem Problem nicht alleine bin. Viele hatten Schwierigkeiten, günstig zu kochen und zugleich abwechslungsreiche Gerichte zu zaubern.

Sogar als gelernter Koch wusste ich an dieser Stelle nicht weiter, wie sollten sich denn da erst andere aus der Lage befreien? Naja, jetzt stehen wir hier. Ich bin nicht mehr alleine, sondern wir sind zu viert und haben uns des Problems gemeinsam angenommen. Über ein Jahr lang haben wir gemeinsam an diesem Buch gearbeitet: Alle fotografierten – Kili kann's natürlich am besten –; alle gestalteten – Kim hat hier klar die besten Skills –; alle organisierten und halfen einander – da war auf jeden Fall Tim der Engagierteste – und am wichtigsten ist: Alle kochen – auch wenn ich dabei ein bisschen die Nase vorne hab.

Da du dieses Kochbuch nun besitzt, gehe ich mal davon aus, dass du gerne neue Rezepte ausprobierst und interessiert an moderner und frischer Küche bist. Diese Einstellung solltest du dir unbedingt erhalten und am besten deine Freunde um dich herum begeistern! Ich bin dir da sehr ähnlich und freue mich immer, wenn ich etwas dazulernen kann. Ich hatte schon öfters das Vergnügen, mit tollen Sterneköchen wie Sergio Herman, Dieter Koschina, Andreas Caminada, Heinz Beck und vielen mehr auf zahlreichen Events zusammenarbeiten zu können. Auch in meinem Studium konnte ich wieder einiges vom Küchenchef meines dualen Partnerbetriebs, dem Sternekoch Thomas Kellermann, lernen. (Die Namen hab ich dir extra in den Text geschrieben, damit du mal online recherchieren kannst, falls es dich interessiert.)

Thomas Kellermann wird dir in diesem Kapitel wiederbegegnen. Wir haben gemeinsam in seiner Küche des Gourmetrestaurants »Dichter« am Tegernsee ein tolles Gericht gekocht, das du ohne Probleme zu Hause nachkochen kannst, auch wenn die Zubereitung etwas länger dauert. Die ganze Story und das Rezept dazu findest du im Special meines Kapitels.

Genug geredet! Jetzt wünsche ich dir ganz viel Spaß mit dem letzten Kapitel und hoffe, dass unsere Inspiration deine Begeisterung fürs Kochen noch weiter steigen lässt. Also, lass uns kochen!

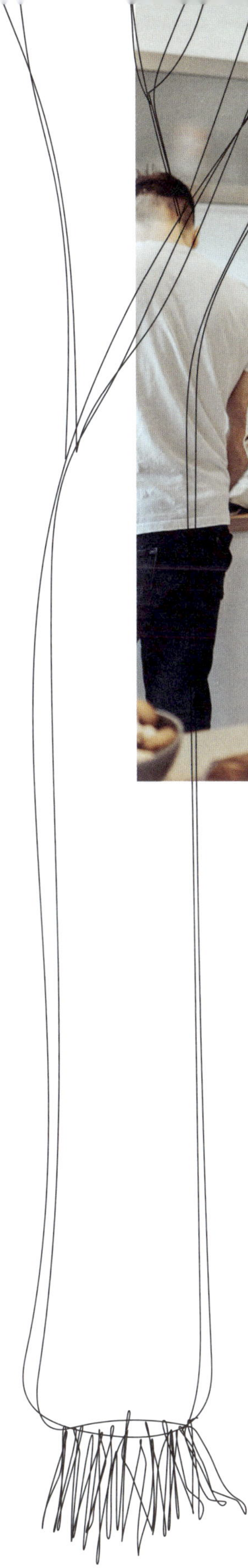

»Damals habe ich gelernt, was Kochen wirklich bedeutet und was frische Zutaten, Zubereitungstechniken und vor allem Leidenschaft in einem Gericht entfalten können.«

Bananen-Erdnuss-French-Toast

20 MINUTEN

Der Frühstücks-Klassiker in einer neuen Variante eignet sich perfekt, um altes Toastbrot oder alte Semmeln zu verwerten, und ist besonders nach einer langen Nacht sehr empfehlenswert.

FÜR EINE*N

2 Bananen
100 ml Milch
1 Ei
1 Prise Salz
2 EL Zucker
4 Scheiben altes Brot (am besten Toastbrot)
50 g Butter
2 EL Erdnussbutter

ADD-ON

Zimtpulver
flüssiger Honig

SO GEHT'S

Zunächst nimmst du eine halbe Banane und mixt sie mit der Milch, dem Ei, dem Salz, dem Zucker und optional mit ein wenig Zimt. Diese Bananenmilch nun in eine Auflaufform gießen und die Toastscheiben hineinlegen, bis sie die Flüssigkeit aufgesogen haben.

Dann kannst du die restlichen Bananen der Länge nach halbieren und währenddessen die Pfanne erhitzen. Die Butter in die Pfanne geben und die Toastscheiben auf einer Seite etwa 3 Minuten bei mittlerer Temperatur goldbraun braten. Daraufhin wenden und 2 Minuten auf der anderen Seite kurz anbraten, dann aus der Pfanne nehmen. Die Seiten, die länger gebraten wurden, mit der Erdnussbutter bestreichen und zwei Scheiben mit Banane belegen. Jetzt die beiden Scheiben ohne Banane als Deckel benutzen und die French Toasts wieder in die Pfanne geben und auf beiden Seiten etwa 2 Minuten fertig braten.

Die Toasts diagonal halbieren und auf einem Teller anrichten. Wenn du möchtest, kannst du für den extra Kick noch etwas Honig darübergeben.

TIPP

Wenn du keine Erdnussbutter magst, kannst du sie auch einfach durch Nuss-Nougat-Creme ersetzen.

VEGETARISCH | GLUTENFREI

Rote-Bete-Brombeer-Salat

10 MINUTEN

Du möchtest einen super einfachen Salat machen, der eine ganz neue Geschmacksnote mit sich bringt? Dann bist du hier genau richtig. Rote Bete, Brombeeren und Feta - was für eine coole Kombi, nur drei Zutaten und trotzdem richtig lecker. Aber Vorsicht, du solltest dir nach der Verarbeitung von Roter Bete schnell die Hände waschen oder Einweghandschuhe tragen, damit sich deine Hände nicht pink verfärben.

FÜR EINE*N

1 rohe Rote Bete (etwa 150 g)
Salz
Zucker
gemahlener Pfeffer
2 EL weißer Balsamicoessig
100 g Brombeeren
1 EL Sonnenblumenöl
100 g Feta

SO GEHT'S

Als Erstes musst du die Rote Bete schälen und dann einfach roh auf dem Hobel feine Scheiben hobeln. Diese mit etwas Salz, Zucker, Pfeffer und dem Balsamico marinieren und etwa 5 Minuten stehen lassen. Währenddessen kannst du schon mal deine Brombeeren waschen und der Länge nach halbieren. Die Brombeeren zur Roten Bete geben, das Sonnenblumenöl dazugeben und alles gut durchmengen. Jetzt noch mal mit Salz, Zucker, Pfeffer und Balsamico nachschmecken und auf den Teller geben.

Zum Schluss den Feta mit den Fingern über den Salat bröseln - fertig!

TIPP

Ein Paar geröstete Nuss- oder Sonnenblumenkerne geben dem Gericht noch einen extra Crunch! Den restlichen Feta kannst du perfekt für den Linsen-Granatapfel-Salat von Seite 36, die Ofen-Quesadillas von Seite 124, das Griechischer-Salat-Sandwich von Seite 70 oder die Shakshuka von Seite 156 verwenden.

Mango-Staudensellerie-Salat mit gebratenem Kabeljau

20 MINUTEN

In der Nikkei-Küche treffen sich Japan und Peru auf einem Teller. Sie verbindet das Beste aus zwei Regionen zu einer gesunden kulinarischen Fusion, die mir persönlich sehr gut gefällt. Am Ende des 19. Jahrhunderts kamen viele japanische Einwanderer nach Peru, eröffneten zahlreiche kleine Restaurants und versuchten sich an traditionellen peruanischen Gerichten. Die japanischen Einflüsse verliehen den südamerikanischen Klassikern ein vollkommen neues Aroma. Zu der feinen japanischen Küche, die viel Wert auf den Eigengeschmack der Zutaten legt und deshalb Gewürze eher sparsam dosiert, gesellte sich die intensive, feurige Kochkunst Perus. Chili, Paprika, Cayennepfeffer, Koriander und Knoblauch sind die am häufigsten verwendeten Gewürze der peruanischen Küche; Sojasauce hingegen ist das Lieblingsgewürz der Japaner. Die Verbindung der Extreme macht die Nikkei-Küche derart besonders, so bilden Chili, Koriander, Mango und Sojasauce eine Fusion, die den Geschmack in neue Sphären hebt.

FÜR ZWEI

1 Staudensellerie
6 EL Sojasauce
3 EL Sonnenblumenöl
1 TL Zucker
Saft von ½ Zitrone
1 Mango
4 EL gesalzene Erdnusskerne
2 sehr frische Kabeljaufilets (à 150 g)
Salz
½ Bund Koriander

ADD-ON

Chili

SO GEHT'S

Den Staudensellerie schneidest du in etwa 5 cm lange Streifen und gibst sie in eine Schüssel. In einer kleinen Schüssel die Sojasauce mit dem Sonnenblumenöl, dem Zucker und dem Zitronensaft vermengen. Mit dieser Marinade den Staudensellerie-Salat marinieren und kurz durchziehen lassen.

Die Mango ebenfalls in Streifen schneiden und später mit den Kernen und, wenn du magst, gehacktem Chili zum Salat geben. Zunächst aber die Kabeljaufilets rundherum mit Salz würzen. Dann brätst du sie bei mittlerer Temperatur nur auf der Hautseite, bis sie fast gar, also nur noch an der Oberseite glasig sind. Dann wenden und 30 Sekunden kurz auf der anderen Seite anbraten.

Zum Anrichten den Salat auf zwei Schalen verteilen und mit den Fischfilets toppen. Zum Schluss großzügig Korianderblätter darüber verteilen und genießen!

Orientalischer Quinoa-Salat

20 MINUTEN

Quinoa stammt ursprünglich aus Südamerika, wird aber mittlerweile auch in Deutschland angebaut. Die Pflanze enthält keinerlei Gluten und ist deshalb eine interessante und gesunde Alternative bei Gluten-Unverträglichkeit. Quinoa besitzt hochwertiges pflanzliches Eiweiß, reichlich Eisen, Folsäure, Magnesium, Zink und Mangan. Diesen Salat mache ich mir sehr gerne als To go oder während der Klausurenphase, denn Quinoa zählt zu den Superfoods, gibt dir extra Kraft und fördert die Konzentration.

FÜR EINE*N

120 g Quinoa
240 ml Gemüsebrühe
½ TL gemahlener Kreuzkümmel
1 Spitzpaprikaschote (etwa 100 g)
30 g getrocknete Cranberrys
30 g gesalzene Erdnusskerne
2 Stängel frische glatte Petersilie
Salz
Zucker
gemahlener Pfeffer
Saft von ½ Zitrone
3 EL Olivenöl

SO GEHT'S

Wichtig: Die Quinoa zuerst gründlich in einem Sieb waschen, damit unangenehme Bitterstoffe verschwinden. Dann zusammen mit der Gemüsebrühe und dem Kreuzkümmel kurz aufkochen lassen. Den Topf mit einem Deckel verschließen und die Quinoa bei niedriger Temperatur 10 Minuten quellen lassen, bis die Körner al dente sind. Danach kannst du die Quinoa zusammen mit der restlichen Flüssigkeit in eine Schüssel zum Auskühlen geben.

Jetzt kannst du die Spitzpaprika entkernen, in Streifen schneiden und mit den Cranberrys und den Erdnusskernen zur Quinoa geben. Die Petersilie grob schneiden und ebenfalls untermengen. Den Salat mit jeweils 1 Prise Salz, Zucker, Pfeffer und Kreuzkümmel abschmecken. Zum Schluss den Zitronensaft und das Olivenöl unterrühren und in einer Schale anrichten.

Jetzt lauwarm genießen oder für später zur Seite stellen.

Topinambur-Suppe mit Olivenöl-Croûtons

25 MINUTEN

Die Topinamburknolle hat einen sehr spannenden und eigenen Geschmack, den ich zum ersten Mal während meiner Ausbildung bei Heinz Winkler erleben durfte. Wir hatten aus der Knolle eine Suppe gekocht, die diesem Rezept die Idee geliefert hat. Natürlich haben wir für dich das Rezept angepasst, sodass es zu studentischen Verhältnissen passt. Dort wurde die Suppe nämlich mit Trüffel zubereitet, doch den findet man im WG-Kühlschrank ja eher selten.

FÜR ZWEI

400 g Topinambur
50 g Butter
1 TL Salz
1 Prise Zucker
100 ml trockener Weißwein
300 ml Gemüsebrühe
2 Scheiben Brot
(gerne altes verwenden)
3 EL Olivenöl
100 g Sahne
2 Stängel frische glatte Petersilie

SO GEHT'S

Du kannst damit beginnen, die Topinamburknollen wie Kartoffeln mit einem Sparschäler zu schälen. Danach die Knollen in kleine Würfel schneiden. Als Nächstes die Würfel mit der Butter in einem Topf anschwitzen, bis die Topinambur leicht bräunlich sind und mit dem Salz und dem Zucker würzen. Jetzt kannst du das Ganze mit dem Weißwein ablöschen und köcheln lassen, bis die Flüssigkeit fast verkocht ist. Im nächsten Schritt mit der Gemüsebrühe aufgießen und die Suppe 10-15 Minuten bei mittlerer Temperatur köcheln lassen.

Währenddessen kannst du die Brotscheiben in mundgerechte Würfel schneiden. In einer Pfanne Olivenöl erhitzen und die Brotwürfel ausbacken. Diese dann auf etwas Küchenpapier geben und mit 1 Prise Salz würzen. Wenn die Topinamburwürfel sehr weich sind, kannst du die Sahne hinzugeben und das Ganze nochmals kurz aufkochen lassen. Dann die heiße Suppe 2-3 Minuten mit einem Stabmixer oder im Mixer mixen und noch einmal mit Salz nachschmecken. Sollte die Konsistenz etwas zu dickflüssig sein, ein wenig Gemüsebrühe, Sahne oder Wasser hinzugeben und nochmals kurz mixen.

Jetzt kannst du die Suppe in die Teller geben und mit den Olivenöl-Croûtons und etwas gehackter Petersilie garnieren und genießen!

Kichererbsen-Süßkartoffel-Eintopf mit Avocado-Koriander-Dip

25 MINUTEN

Dieser Eintopf ist eines meiner liebsten Studentengerichte, denn er ist so schnell, easy und lecker! Man reist mit den wenigen Zutaten direkt in den kulinarischen Orient. Besonders die Cranberrys und Cashewkerne verleihen dem Gericht den ultimativen Kick.

FÜR EINE*N

1 kleine Süßkartoffel (etwa 200 g)
1 kleine rote Zwiebel
2 EL Sonnenblumenöl
1 TL Salz
1 Prise Zucker
1 Prise gemahlener Pfeffer
1 Prise gemahlener Kreuzkümmel
1 Prise Paprikapulver
50 g Champignons
100 g Kichererbsen aus der Dose
50 g getrocknete Cranberrys
200 ml Gemüsebrühe
50 g gesalzene Cashew- oder Erdnusskerne

AVOCADO-KORIANDER-DIP

½ Avocado
½ Zehe Knoblauch
5 Kirschtomaten
2–3 Stängel frischer Koriander
1 EL Zitronensaft
1 EL Olivenöl
½ TL Salz
Zucker
gemahlener Pfeffer

ADD-ON

etwas frische Chili oder Chilipulver

SO GEHT'S

Du beginnst damit, die Süßkartoffel zu schälen und in mundgerechte Würfel zu schneiden. Die Zwiebel abziehen und in Streifen schneiden. Als Nächstes das Sonnenblumenöl in einer Pfanne erhitzen und die Zwiebelstreifen und Süßkartoffelwürfel anschwitzen. Mit dem Salz, dem Zucker, dem Pfeffer, dem Kreuzkümmel und dem Paprikapulver würzen. Die Champignons vierteln und zusammen mit den abgegossenen Kichererbsen zugeben und kurz mitanschwitzen. Jetzt die Cranberrys untermischen und mit der Gemüsebrühe ablöschen. Die Flüssigkeit einkochen lassen, bis die Süßkartoffelwürfel gar sind. Zum Schluss die Kerne untermengen und den Eintopf in einer Schale anrichten.

TIPP

Die restlichen Kichererbsen aus der Dose kannst du perfekt für den Hummus von Seite 77 verwenden. Die restlichen Champignons kannst du super für die Salzigen Blätterteig-Muffins von Seite 72, die Tom Kha Gai von Seite 74 oder die Gemüse-Nuggets mit Sesam-Aioli von Seite 89 benutzen.

AVOCADO-KORIANDER-DIP

Du schneidest die geschälte Avocado in Würfel. Außerdem die Knoblauchzehe abziehen und fein schneiden oder pressen.
Die Kirschtomaten vierteln. Den Koriander hacken und jetzt alle Zutaten locker vermengen. Zum Schluss mit dem Zitronensaft, dem Olivenöl, dem Salz, etwas Zucker und Pfeffer sowie auf Wunsch mit zerkleinerter frischer Chili oder Chilipulver abschmecken.

TIPP

Dieser Dip kann jedem Gericht den Frische-Boost geben. Besonders gut passt er zum Kichererbsen-Süßkartoffel-Eintopf von Seite 151 oder zu den Ofen-Quesadillas von Seite 24. Die restliche Avocado kannst du perfekt für das Avocado-Basilikum-Dressing von Seite 34 oder den Green Detox-Smoothie von Seite 66 verwenden.

Risotto bianco mit bunten Karotten

35 MINUTEN

Jetzt kochen wir Risotto! Also, aufgepasst: Es ist super easy und schnell zuzubereiten, aber man muss sich konzentrieren und es braucht Amore! Daher haben wir das Rezept so für dich gestaltet, dass du am Anfang kurz alles vorbereitest und danach nur noch gekocht wird. Dadurch wird der Kochvorgang viel entspannter und das Risotto am Ende noch besser. Übrigens, Risotto ist super flexibel und kann mit saisonalem Gemüse kombiniert werden. Dafür einfach das Gemüse deiner Wahl in einer separaten Pfanne anbraten und entweder als Topping darübergeben oder ins Risotto einrühren. Besonders lecker dazu finden wir den gebratenen Spargel vom Rezept auf Seite 50.

FÜR ZWEI

200 g Risottoreis
600 ml Gemüsebrühe
½ weiße Zwiebel
4 bunte Karotten
60 g Parmesan am Stück
3 EL Sonnenblumenöl
100 ml trockener Weißwein
Salz
Zucker
40 g Butter
60 g Crème fraîche
gemahlener Pfeffer

ADD-ON

1 Packung Gartenkresse

SO GEHT'S

Zuerst den Reis gründlich waschen und in einem Sieb abtropfen, damit die Stärke abgewaschen wird und das Risotto später nicht verklebt. Als Nächstes kannst du die Gemüsebrühe bei niedriger Temperatur auf den Herd stellen.

Weiter geht's mit dem Gemüse. Die Zwiebel abziehen und würfeln, die bunten Karotten schälen und in etwa 5 cm lange Stifte schneiden. Außerdem den Parmesan reiben. Und schon können wir mit dem Kochen starten.

In einem größeren Topf 2 EL Sonnenblumenöl erhitzen und die Zwiebelwürfel darin glasig anschwitzen, den Reis dazugeben und kurz mitschwitzen. Jetzt mit dem Weißwein ablöschen und umrühren. Bei mittlerer Temperatur den Weißwein verkochen lassen und einen Schopflöffel Brühe dazugeben. Nun konstant rühren und immer wieder einen Schöpfer von der warmen Brühe hinzufügen, bis diese aufgebraucht ist. Konstant RÜHREN, nicht dass dir das Risotto im Topf anbrennt! Nun sollte dein Reis perfekt al dente sein, sonst kannst du einfach noch 1 EL Wasser hinzugeben und das Risotto kurz weiter köcheln lassen.

Jetzt kannst du eine Pfanne mit 1 EL Sonnenblumenöl stark erhitzen und die Karottenstifte hineingeben. Kräftig mit Salz und Zucker würzen und nach dem Anbraten auf ein Küchenpapier legen, damit das Fett kurz abtropfen kann. Während die Karotten in der Pfanne braten, kannst du die Butter und den Parmesan ins Risotto geben und weiter kräftig rühren. Zum Schluss noch die Crème fraîche unterrühren und mit Salz und Pfeffer final abschmecken.

Schon hast du es geschafft! Das Risotto in die Teller geben, die Kresse mit einer Schere abschneiden und gemeinsam mit den Karottenstiften darüber verteilen.
Buon Appetito!

Ginger Chicken

40 MINUTEN

Ich möchte dir hier das Rezept für mein absolutes Lieblings-Curry zeigen. Es handelt sich dabei um ein traditionelles pakistanisches Gericht und deshalb auch um eine traditionelle Zubereitungsart. Die Kochtechniken sind für die westliche Welt eher untypisch, also nicht wundern! Viel Spaß beim Ausprobieren!

FÜR ZWEI

2 rote Zwiebeln
300 g Hähnchenbrust
3 Zehen Knoblauch
60 g frische Ingwerwurzel
2 EL Sonnenblumenöl
1 ½ TL Salz
80 g Butter
500 g passierte Tomaten
150 g Reis
150 g Naturjoghurt
2 TL Kurkumapulver
1 TL gemahlener Pfeffer
2 TL Zucker
1 Chilischote
2 Tomaten
½ Bund frischer Koriander

TIPP

Zu diesem Gericht schmeckt auch sehr gut das Naan-Brot von Seite 48.

SO GEHT'S

Wir beginnen damit, die abgezogenen Zwiebeln in Streifen zu schneiden. Dann kochst du diese in einem Topf mit 250 ml Wasser, siebst sie nach 6-8 Minuten ab und mixt sie in einem Mixer, bis eine Zwiebelpaste entsteht, eventuell musst du etwas Wasser zum Mixen dazugeben.

Danach die Zwiebelmasse in einer Pfanne oder in einem Topf erwärmen und etwas anschwitzen, sodass die restliche Flüssigkeit verdampft und die Masse leicht karamellisiert.

Jetzt können wir mit der eigentlichen Zubereitung des Gerichts beginnen: Zunächst die Hähnchenbrust in Würfel schneiden und den abgezogenen Knoblauch und den geschälten Ingwer fein schneiden. Das Hähnchen und den Knoblauch mit dem Sonnenblumenöl und ½ TL Salz in einem Topf anbraten. Dann die Butter und den Ingwer in den Topf geben und nach 1-2 Minuten die passierten Tomaten dazu. Jetzt das Ganze etwa 10-15 Minuten kochen lassen. Wenn auf der Sauce das Öl leicht sichtbar wird, die Zwiebelpaste hinzugeben und weiter köcheln lassen. Währenddessen kannst du schon mal den Reis kochen, denn wir sind gleich fertig.

Als Nächstes den Joghurt zum Hähnchen hinzugeben und das Ganze mit dem Kurkumapulver, 1 TL Salz, dem Pfeffer und dem Zucker abschmecken. Noch etwas köcheln lassen, bis der Reis nebenbei fertig ist, und umrühren. Jetzt noch die Chilischote und die Tomaten in Streifen schneiden und kurz vor dem Anrichten hinzugeben.
Zum Anrichten den Reis und das Ginger Chicken in je eine Schale geben und großzügig mit grob geschnittenem Koriander bestreuen.

Fertig!

Shakshuka

15 MINUTEN + 10-15 MINUTEN IM BACKOFEN

Dieses Gericht durfte ich auf einer Israelreise nach meiner Ausbildung zum Koch kennenlernen. Als ich Eier in einer Tomaten-Paprika-Sauce auf dem Frühstücksbüfett entdeckte, traute ich meinen Augen nicht und habe es auch am ersten Tag nicht probiert. Als wir dann einige Einheimische kennengelernt hatten, die nach unseren ersten Eindrücken fragten, kam das Shakshuka-Thema zur Sprache: Oh, da durften wir uns was anhören! Also gab es am nächsten Morgen zum Frühstück Shakshuka und - naja, was soll ich sagen ... Wir LIEBEN Shakshuka! Und damit du auch in den Genuss kommst, haben wir für dich hier ein Rezept für die vielleicht beste Shakshuka der Welt. Dieses Zitat habe ich irgendwo mal aufgeschnappt: »Shakshuka ist Kateressen, Familiengericht und Liebeserklärung in einem.«

FÜR ZWEI

1 Zwiebel
1 Zehe Knoblauch
1 gelbe oder rote Paprikaschote
5 EL Olivenöl
1 TL Salz
gemahlener Pfeffer
½ TL Zucker
400 g stückige Tomaten aus der Dose
1 TL gemahlener Kreuzkümmel
Chilipulver oder
scharfes Paprikapulver
100 g Feta
4 Eier
½ Bund frische glatte Petersilie
oder frischer Koriander

SO GEHT'S

So geht's
Du beginnst damit, die Zwiebel und die Knoblauchzehe abzuziehen und in feine Würfel sowie die Paprika in kurze Streifen zu schneiden. Danach 3 EL Olivenöl in einem flachen ofenfesten Topf erhitzen und darin die Zwiebel und den Knoblauch anschwitzen. Die Paprikastreifen hinzugeben und mit dem Salz, etwas Pfeffer und dem Zucker würzen. Dann die gehackten Tomaten dazugeben und mit dem Kreuzkümmel und etwas Chili- oder Paprikapulver nach Belieben würzen.

Den Ofen auf 180 °C Ober-/Unterhitze vorheizen und die Shakshuka währenddessen 5 Minuten köcheln lassen und den Feta hineinbröseln. Jetzt formst du mit einem Löffel vier kleine Kuhlen in der Masse und gibst die Eier einzeln hinein. Nun 1 Prise Salz und 1 großzügigen EL Olivenöl darübergeben und für 10-15 Minuten in den Ofen geben, bis die Eier fertig gegart sind.

Zum Schluss großzügig frisch gehackte Petersilie oder Koriander darüber verteilen und genießen! Ich hoffe, dir schmeckt es genauso gut wie uns.

TIPP

Während die Shakshuka im Ofen ist, kann man super schnell dazu das Naan-Brot von Seite 48 zubereiten. Den restlichen Feta kannst du perfekt für den Linsen-Granatapfel-Salat von Seite 36, die Ofen-Quesadillas von Seite 124 das Griechischer-Salat-Sandwich von Seite 70 oder den Rote-Bete-Brombeer-Salat von Seite 142 verwenden.

VEGETARISCH | GLUTENFREI | LAKTOSEFREI

Tel-Aviv-Cauliflower mit Limetten-Chili-Mayo

10 MINUTEN + 45 MINUTEN IM BACKOFEN

Blumenkohl ist das wohl uncoolste Gemüse der Welt - FALSCH! Während meiner Israel-Reise durfte ich nicht nur die Shakshuka, sondern auch zum ersten Mal einen Tel-Aviv-Cauliflower probieren und war begeistert. Durch das goldbraune Backen karamellisieren die Röschen, so bekommt der Kohl einen tollen leicht nussigen Geschmack. Damit du auch mal einen Blumenkohl nach dieser Zubereitungsart ausprobieren kannst, haben wir dir ein superleichtes Rezept ins Kochbuch gepackt.

FÜR ZWEI

1 Blumenkohl
100 ml Sonnenblumenöl
Salz
Zucker
1 Bund frische glatte Petersilie
50 g gesalzene Erdnuss- oder Cashewkerne
½ Zehe Knoblauch
50 g Olivenöl
1 TL flüssiger Honig
2 Eigelb
½ Chilischote
2 unbehandelte Limetten

SO GEHT'S

Zuerst den Ofen auf 180 °C Umluft vorheizen. Dann die Blätter des Blumenkohls entfernen und den Strunk kürzen. Den Blumenkohl mit 2–3 EL vom Sonnenblumenöl rundherum einreiben und großzügig mit Salz und etwas Zucker würzen. Dann gibst du den Blumenkohl für 45 Minuten in den Ofen. Währenddessen kannst du das Petersilienpesto und die Limetten-Chili-Mayo zubereiten.

Für das Pesto gibst du die Blätter der Petersilie, die Kerne, die abgezogene Knoblauchzehe, das Olivenöl, den Honig und 1 Prise Salz in einen Mixer oder mixt das Ganze mit einem Stabmixer, bis ein feines Pesto entsteht.

Für die Limetten-Chili-Mayo gibst du das Eigelb, die gehackte Chilischote, den Abrieb und den Saft von 1 Limette, eine großzügige Prise Zucker und etwas Salz in eine etwas höhere Schüssel. Jetzt mit einem Stabmixer mixen und langsam esslöffelweise das restliche Sonnenblumenöl hinzugeben. Zum Schluss noch mit etwas Salz und Zucker nachschmecken.

Mittlerweile sollte dein Blumenkohl goldbraun gebacken sein. Du kannst mit einem dünnen Messer hineinstechen und so die Garstufe herausfinden: Das Messer sollte leicht herausgleiten, dann ist der Blumenkohl fertig.

Zum Anrichten den Blumenkohl halbieren, frisch den Saft der zweiten Limette darüberpressen, Pesto und Mayo darübergeben oder separat in Schälchen reichen und zu zweit genießen! Bete'avon!

TIPP

Das Eiweiß kannst du zum Beispiel für die Gemüse-Nuggets von Seite 89 verwenden.

Ein Blick in die Sterneküche

Servus, mein Name ist Thomas Kellermann. Ich koche am schönen Tegernsee im Süden von München im Gourmetrestaurant »Dichter« des Parkhotels »Egerner Höfe« und darf nun an diesem großartigen Kochbuch teilhaben, um dir eines meiner Gerichte zu präsentieren.

Seit 2006 bin ich mit dem begehrten Michelin-Stern ausgezeichnet, den ich mir in drei verschiedenen Restaurants von Berlin bis Bayern erkocht habe.

Als Fabi mich wegen des Kochbuchs ansprach, war ich begeistert von dem Gedanken, einer jüngeren Generation ein paar Kochweisheiten und vor allem Inspiration zum selbstständigen und kreativen Kochen mit auf den Lebensweg geben zu können. Deswegen freue ich mich sehr, dir mit meinem Gericht eine Kochmethode für Fisch zu zeigen, die du so wahrscheinlich noch nie ausprobiert hast. Dabei wird das Fischfilet auf einem Porzellanteller unter einer Klarsichtfolie bei niedriger Temperatur im Ofen schonend gegart. Wegen des Ingweröls, mit dem der Fisch bestrichen ist, erhält dieser durch die ätherischen Öle und das Luftvakuum ein ganz besonderes Aroma und die wertvollen Inhaltsstoffe bleiben erhalten.

Außerdem achte ich bei meinen Gerichten darauf, Lebensmittel vollständig zu verarbeiten. Deshalb möchte ich bei diesem Gericht den Brokkoli so verwenden, dass aus den Röschen ein Püree entsteht und der Strunk zu einem gebratenen Gemüse verarbeitet wird. Probier am besten mal selbst den Strunk im rohen Zustand! Du wirst feststellen, dass er wie eine etwas frischere Variante von Kohlrabi schmeckt und ganz feine Aromen enthält. Ich möchte dir in meinem Rezept zeigen, wie hervorragend das schmeckt und wie viel Aroma in den Stielen des Korianders steckt. Mit meinem Kochstil versuche ich grundsätzlich, regional inspirierte Küche modern zu interpretieren und mit klaren Aromen und Texturen traditionelle und herkömmliche Lebensmittel zu einem Geschmackserlebnis zu kombinieren.

Ich hoffe, ich kann dich durch mein Rezept dazu inspirieren, neue Kochtechniken und Kombinationen auszuprobieren, sodass du dich neben deinem Studium auch in der Küche etwas weiterentwickeln kannst. Ich wünsche dir ganz viel Spaß beim Kochen und weiterhin alles Gute für dein Studium!

Dein Thomas Kellermann

Lachsforelle auf Brokkolipüree mit Kokosschaum

90 MINUTEN

Ich habe für dich das Rezept in mehrere Schritte aufgeteilt, damit die Zubereitung etwas leichter fällt:

FÜR ZWEI

250 ml Kokosmilch
(Tipp: Aroy'D ist die beste)
50 g Kokosraspel
1 Bund Suppengemüse
(120 g Karotten, 80 g Lauch und 150 g Knollensellerie)
2 weiße Zwiebel
120 g Butter
Salz
1 TL Zucker
300 ml Gemüsebrühe
½ Bund frischer Koriander
75 g frische Ingwerwurzel
2 Halme Zitronengras
4 Limettenblätter
gemahlener Pfeffer
½ Limette
1 Brokkoli (400–500 g)
60 ml Sonnenblumenöl
2 Lachsforellenfilets ohne Haut (à 120 g)
½ Chilischote

SPEZIALEQUIPMENT

Klarsichtfolie

SCHRITT 1: KOKOSSCHAUM

Zunächst beginnst du mit dem ersten Ansatz. Dafür lässt du lediglich die Kokosmilch mit den Kokosraspeln in einem Topf aufkochen und das Ganze dann für 30 Minuten ziehen. Anschließend kannst du die konzentrierte Kokosmilch durch ein Sieb passieren und zur Seite stellen, doch während die Milch noch zieht, kannst du schon mal mit dem zweiten Ansatz beginnen.

Dafür kannst du das Suppengemüse zunächst schälen und grob würfeln. Das Gemüse zusammen mit 1 abgezogenen, zerkleinerten Zwiebel in 20 g Butter anschwitzen und mit 1 TL Salz und dem Zucker würzen. Dann mit der Gemüsebrühe ablöschen und das Gemüse weich kochen lassen. Die Flüssigkeit sollte etwa um die Hälfte einkochen, bevor du sie durch ein Sieb passierst.

Als Nächstes zuerst die Korianderblätter zupfen und für später zur Seite legen, auch die Stiele aufbewahren. Nun 15 g Ingwer mit Schale in Scheiben und das Zitronengras in grobe Stücke schneiden. Sodann den passierten Gemüsefond zusammen mit dem Zitronengras, den Korianderstielen, den Limettenblättern und dem Ingwer einmal aufkochen und 15 Minuten ziehen lassen. Anschließend den Fond durch ein Sieb passieren und mit der konzentrierten Kokosmilch mixen. Diesen Kokosschaum mit etwas Salz, Pfeffer und dem Limettensaft abschmecken und zur Seite stellen.

SCHRITT 2: BROKKOLI

Als Erstes sehr stark gesalzenes Wasser in einem etwas größeren Topf mit Deckel aufkochen, währenddessen die Röschen vom Strunk entfernen und grob zerkleinern. Diese jetzt in dem Salzwasser ohne Topfdeckel gar kochen und dann in einem Sieb auffangen. Für eine schöne grüne Farbe im Püree ist es wichtig, dass du die gekochten Röschen unter fließendem, eiskaltem Wasser abkühlen und anschließend abtropfen lässt.

Nebenbei kannst du 1 Zwiebel abziehen, in Streifen schneiden und in einem Topf zusammen mit 100 g Butter langsam glasig anschwitzen. Die Zwiebelstreifen sollen weich sein, aber keine Farbe bekommen.

Jetzt den Brokkoli etwas ausdrücken und zusammen mit den Zwiebelstreifen und der Butter mixen. Das Püree muss nicht ganz fein gemixt sein, sondern kann gerne noch etwas Struktur behalten. Zum Schluss mit ½ TL Salz und jeweils 1 Prise Zucker und Pfeffer abschmecken und bis zum Anrichten zur Seite stellen.

Für den gebratenen Brokkoli kannst du nun den Strunk etwas schälen, in feine Scheiben schneiden und ebenfalls für später beiseitestellen.

SCHRITT 3: INGWER UND LACHSFORELLE

Für das Ingweröl den restlichen Ingwer etwas klein schneiden, mit 50 ml Sonnenblumenöl mixen und durch ein Sieb passieren.

Jetzt kannst du den Backofen auf 80 °C Umluft vorheizen und die Filets rundherum mit Salz würzen. Dann einen Porzellanteller mit 1 EL Ingweröl bestreichen, die Filets darauf platzieren und auch auf der Oberseite mit etwas Ingweröl bestreichen. Daraufhin den Teller mit Klarsichtfolie abdecken.

Die Korianderblätter von vorhin und die Chilischote fein hacken, zum restlichen Ingweröl geben und bis zum Anrichten zur Seite stellen. Jetzt den Teller mit den Lachsforellenfilets für 10–15 Minuten, je nach Dicke der Filets, in den Ofen geben und glasig garen.

SCHRITT 4: ANRICHTEN

Während die Fischfilets im Ofen garen, können wir das große Anrichten vorbereiten. Dazu zunächst das Brokkolipüree und den Kokosschaum auf dem Herd auf mittlere Temperatur erwärmen. Den Schaum nicht mehr kochen lassen, sondern lediglich erwärmen, da er sonst seine Standfestigkeit verliert. Kurz vor dem Anrichten mit dem Stabmixer die Kokossauce schaumig mixen. Nebenbei eine Pfanne aufstellen und mit 2 EL Sonnenblumenöl erhitzen. Jetzt die Scheiben vom Brokkolistrunk scharf anbraten und mit etwas Salz und Pfeffer würzen.

Sobald der Fisch glasig gegart ist, den Porzellanteller aus dem Ofen holen und die Folie entfernen. Als Erstes das Püree und die gebratenen Scheiben vom Brokkoli auf die Teller geben. Dann die Lachsforellenfilets dazulegen und das Gericht mit dem Kokosschaum verzieren. Zum Schluss noch ein paar Punkte von dem Koriander-Chili-Ingweröl auf dem Teller verteilen und die feinen Aromen des Gerichts genießen!

TIPP

Beim Kochen der Brokkoliröschen solltest du deshalb keinen Deckel verwenden, weil sonst die Schadstoffe, die sich in den Röschen befinden, im Topf bleiben, statt zu verdampfen. Außerdem würden die Eiweißrückstände in den Röschen dazu führen, dass das Wasser überkocht.

Leonas Lieblingspasta:

Spaghetti mit Garnelen, Tomaten und Weißweinsauce

25 MINUTEN

Meine Kommilitonin Leona wollte ihren Freund mit etwas Besonderem überraschen und fragte mich deshalb nach einem Rezept für leckere Pasta mit Garnelen. Also hab ich mir an jenem Tag dieses Rezept ausgedacht und - die Überraschung ist geglückt. Mittlerweile ist es beider gemeinsames Lieblingsgericht. Deswegen heißt diese Pasta in unserem Freundeskreis einfach nur noch »Leonas Lieblingspasta«.

Dieses Rezept und diese Situation an jenem Vorlesungstag ließen Tim und mich erkennen, dass Studierenden Inspiration beim Kochen fehlt, und lieferten uns somit die Idee zu diesem Kochbuch. Wir sind sehr froh, dass wir es so weit geschafft haben und zusammen mit Kim und Kili die Idee verwirklichen konnten. Vielen Dank dafür an Leo!

FÜR ZWEI

250 ml trockener Weißwein
200 ml Gemüsebrühe
250 g Spaghetti
1 rote Zwiebel
1 Zehe Knoblauch
etwa 20 Kirschtomaten
½ unbehandelte Zitrone
Salz
Zucker
3 EL Olivenöl
200 g Garnelen
gemahlener Pfeffer
5 Stängel frisches Basilikum

ADD-ON

5 in Öl einelegte getrocknete Tomaten
Chiligewürz deiner Wahl

SO GEHT'S

Zuerst gibst du den Weißwein in einen Topf und lässt ihn aufkochen. Wenn er kocht, gibst du die Gemüsebrühe hinzu und reduzierst das Ganze bei mittlerer Temperatur auf die Hälfte. Währenddessen kannst du schon mal die Spaghetti im Salzwasser abkochen und danach kurz unter kaltem Wasser abschrecken.

Nebenbei kannst du die Zwiebel und die Knoblauchzehe abziehen und genau wie die optionalen getrockneten Tomaten in Würfel schneiden. Jetzt die Kirschtomaten vierteln, die Zitronenschale abreiben und diese mit etwas Salz und Zucker zum Marinieren über die Kirschtomaten geben.

Dann gibst du das Olivenöl in eine Pfanne bei hoher Temperatur. Daraufhin die geschnittenen Würfel und die Garnelen in die Pfanne geben und mit Salz, Zucker, Pfeffer und, wenn du möchtest, mit dem Chili würzen. Als Nächstes die marinierten Kirschtomaten zugeben und alles zusammen durchschwenken. Wenn alles schön angebraten ist, gibst du die Wein-Geflügelfond-Reduktion in die Pfanne und lässt das Ganze aufkochen.

Jetzt kannst du die gekochten Spaghetti hinzugeben und alles gut vermengen. Die Pasta anrichten und großzügig mit gezupftem Basilikum garnieren.

TIPP

Dazu passt als Aperitif die Himbeer-Basilikum-Weißweinschorle von Seite 172.

Miesmuscheln in Weißweinsud mit Kräuterbaguette

30 MINUTEN

Wusstest du, dass Miesmuscheln gar nicht so teuer sind, wie man vielleicht denkt? Ich auf jeden Fall nicht. Ich hatte das zufällig mal beim Einkaufen bemerkt und mir daraufhin direkt eine Packung gekauft. In meiner Zeit als Koch hab ich sie im Restaurant sehr oft zubereitet und mich total in den Geschmack verliebt. Miesmuscheln sind ein mega tolles Produkt, das bei uns viel zu selten auf den Teller kommt, also trau dich ruhig, sie mit unserem Rezept zuzubereiten!

WICHTIG: Du solltest Miesmuscheln nur in solchen Monaten kaufen, die auf einem R enden. Muscheln müssen immer frisch sein und dürfen nur sehr kurz gelagert und nicht eingefroren werden. Sind die Muscheln vor dem Kochen bereits geöffnet, dann solltest du zuerst prüfen, ob sie noch leben und somit noch genießbar sind. Dafür klopfst du die leicht geöffneten Miesmuscheln auf die Arbeitsplatte und hältst sie unter fließendes kaltes Wasser. Schließt sich die Muschel wieder, dann kannst du sie ohne Probleme verwenden. Bewegt sich die Muschel nicht mehr, dann wirf sie am besten weg! Sollten Muscheln durch das Kochen nicht von alleine aufgegangen sein, dann sind diese entweder noch nicht gar oder eignen sich ebenfalls nicht zum Verzehr.

FÜR ZWEI

3 Zehen Knoblauch
½ unbehandelte Zitrone
1 Bund frische glatte Petersilie
125 g weiche Butter
1 TL Salz
1 TL Zucker
gemahlener Pfeffer
1 Baguette
1 rote Zwiebel
1 Bund Suppengemüse (1 Karotte, 50 g Knollensellerie und 50 g Lauch)
1,5 kg küchenfertige Miesmuscheln
3 EL Olivenöl
300 ml trockener Weißwein
300 ml Gemüsebrühe
200 g Sahne

SO GEHT'S

Zuerst bereitest du die Kräuterbutter für die Baguettes zu. Dafür hackst du 1 abgezogene Knoblauchzehe fein oder presst sie mit einer Knoblauchpresse. Von der Zitrone reibst du die Schale und die Hälfte der Petersilie hackst du fein. Das Ganze mit der Butter vermengen und mit dem Salz, dem Zucker und etwas Pfeffer abschmecken. Das Baguette schneidest du der Länge nach auf und bestreichst es mit der Kräuterbutter. Jetzt kannst du schon mal den Ofen auf 180 °C Ober-/Unterhitze vorheizen.

Die Muschelzubereitung beginnt damit, dass man die Zwiebel und die 2 Knoblauchzehen abzieht und in feine Würfel, das Suppengemüse in mittelgroße Würfel und den Lauch in feine Streifen schneidet. Die Muscheln in kaltem Wasser waschen und anschließend abtropfen.

Jetzt einen großen Topf mit dem Olivenöl erhitzen, das Gemüse darin anschwitzen und mit Salz, Pfeffer und Zucker würzen. Wenn das Gemüse eine schöne hellbraune Farbe bekommen hat, löschst du es mit dem Weißwein und dem Saft der Zitrone ab. Danach die Brühe hinzugeben und das Ganze etwa 5 Minuten köcheln lassen.

Jetzt kannst du das Kräuterbaguette für 5-7 Minuten in den vorgeheizten Ofen geben, da wir gleich mit unseren Muscheln fertig sind. Die Miesmuscheln gibst du zu dem kochenden Sud in den Topf und verschließt für etwa 4 Minuten den Deckel. Sobald sich die Muscheln geöffnet haben, sind sie fertig. Zum Schluss gibst du die Sahne hinzu und lässt das Ganze noch mal 2-3 Minuten kochen. Mittlerweile sollte das Kräuterbaguette auch fertig sein. Jetzt kannst du die Miesmuscheln mit etwas Sud in tiefen Tellern anrichten und die restliche geschnittene Petersilie darübergeben, et voilà!

Gebratener Lachs mit Erbsen-Süßkartoffel-Püree und Weißweinsauce

45 MINUTEN

Jetzt hast Du eines meiner absoluten Lieblingsgerichte aufgeschlagen. Es ist ganz einfach und schnell zuzubereiten, obendrein mega lecker und besonders das Püree wird dich vom Hocker hauen. Weil es so gut ist und es auf jeden Fall auch optisch was hermacht, kann ich es als optimales »Date-Gericht« empfehlen. Dazu kann man eigentlich fast alles vor dem Date vorbereiten, ich hab das im Rezept dazugeschrieben.

FÜR ZWEI

1 weiße Zwiebel
1 kleine Süßkartoffel (etwa 200 g)
5 EL Sonnenblumenöl
300 g Tiefkühl-Erbsen
½ TL Salz
300 ml trockener Weißwein
500 ml Gemüsebrühe
250 g Sahne
50 g Butter
1 EL mittelscharfer Senf
2 Lachsfilet
(à 150 g, wir empfehlen mit Haut)

SO GEHT'S

Wir beginnen mit dem Püree: Dafür kannst du zuerst die abgezogene Zwiebel in Streifen und die geschälte Süßkartoffel in Würfel (je kleiner, umso schneller bist du mit Kochen fertig) schneiden. Danach die Zwiebelstreifen mit 3 EL Sonnenblumenöl in einem flachen Topf anschwitzen. Wenn sie glasig sind, kannst du die Erbsen und die Süßkartoffelwürfel hinzugeben, kurz mitanschwitzen und mit dem Salz würzen. Jetzt löschst du das Ganze mit 150 ml Weißwein ab und gibst 250 ml Gemüsebrühe dazu. Das lässt du einfach bei mittlerer Temperatur etwa 20 Minuten weiter köcheln; immer wieder umrühren nicht vergessen. Inzwischen bereiten wir die Sauce zu.

Dafür gibst du 150 ml Weißwein in einen kleinen Topf und lässt ihn aufkochen. Dann kommen 250 ml Gemüsebrühe dazu. Die Flüssigkeit lässt du 10 Minuten bei mittlerer Temperatur auf die Hälfte herunterreduzieren. Dann kannst du 150 g Sahne und die Butter hineingeben und es noch mal um etwa ein Drittel einkochen. Mittlerweile sollten die Süßkartoffelwürfel in dem Püree-Ansatz weichgekocht sein. Jetzt kannst du die übrigen 100 g Sahne hineingeben sowie den Senf. Die Flüssigkeit sollte fast verkocht sein, dann kannst du das Püree in einem hohen Behältnis mit dem Stabmixer oder in einem Standmixer mixen. Wenn die Masse zu fest ist, einfach nach und nach Wasser oder, wenn zur Verfügung steht, Gemüsebrühe hinzugeben, bis die Konsistenz cremig ist. Zum Anrichten kannst du das Püree einfach in einem Topf bei mittlerer Temperatur unter ständigem Rühren erwärmen. Jetzt sind die Sauce und das Püree fertig.

Bis hierhin kannst du eigentlich alles schon vor dem Date fertig machen. Jetzt werden nur noch die Lachsfilets gebraten und schon kann angerichtet werden.

Beim Lachsfilet ist es wichtig, dass man das Stück schon vorher rundherum und vor allem nicht zu zaghaft mit Salz gewürzt hat. Wir benötigen eine Pfanne mit 2 EL Sonnenblumenöl bei etwas stärkerer Temperatur. Jetzt brätst du die Filets bei mittlerer Temperatur nur auf der Hautseite, bis sie fast, also nur noch an der Oberseite glasig sind. Dann wenden und für 30 Sekunden kurz auf der anderen Seite anbraten.

Gib zuerst das Püree auf die Teller, dann die Fischfilets dazu und gieße final die Weißweinsauce an.
Viel Spaß beim Genießen und viel Erfolg beim Date!

TIPP

Dazu passt perfekt der Radieschen-Apfel-Salat von Seite 173. Die restlichen Erbsen kannst du gut für die One-Pot-Pasta mit weißer Bolognese von Seite 114 verwenden.

VEGAN | GLUTENFREI | LAKTOSEFREI

Himbeer-Basilikum-Weißweinschorle

5 MINUTEN

FÜR ZWEI

300 ml trockener Weißwein
100 ml Himbeersaft (optional auch Erdbeersaft)
½ Zitrone
2 Stängel frisches Basilikum

TIPP

Du kannst hierfür die restlichen Zutaten von Leonas Lieblingspasta benutzen.

SO GEHT'S

Du mischst den Weißwein mit dem Himbeer- und dem Zitronensaft und verteilst die Mischung auf zwei Gläser. Um mehr Aroma zu erhalten, schlag die Basilikum-Stängel auf die Arbeitsfläche und gib je einen ins Glas. Mit einem Trinkhalm umrühren und, falls du hast, noch Eis ins Glas geben.

Radieschen-Apfel-Salat

15 MINUTEN

Der Salat ist richtig schön sommerlich und frisch, noch dazu super schnell zuzubereiten und bildet eine schöne Abwechslung zu einem normalen grünen Salat.

FÜR ZWEI

2 EL Holundersirup
2 EL weißer Balsamicoessig
1 EL Sonnenblumenöl
1 Prise Salz
1 Prise gemahlener Pfeffer
1 Bund Radieschen
2 rote Äpfel
50 g Mandel-, Haselnuss-, Walnusskerne oder andere Nusskerne

SO GEHT'S

Am besten beginnst du mit dem Dressing. Dazu nimmst du den Holundersirup, den Balsamico und das Sonnenblumenöl und vermengst alles mit einem Schneebesen, Stabmixer oder einer Gabel. Jetzt mit dem Salz und dem Pfeffer abschmecken.
Nun die Radieschen und die Äpfel gründlich waschen und fein hobeln oder ganz fein schneiden. Die Kerne etwas zerkleinern oder im Ganzen dazugeben. Jetzt das Dressing untermengen und den Salat für 5 Minuten durchziehen lassen. Danach noch mal probieren und, wenn nötig, nachschmecken. Schon fertig!

Nuss-Nougat-Mousse mit mariniertem Orangensalat

30 MINUTEN + 3 STUNDEN IM KÜHLSCHRANK

Mein Kapitel möchten wir mit einem leckeren und einfachen Dessert beenden. Für die Nuss-Nougat-Mousse benötigst du lediglich etwas mehr Zeit, da sie für 2-3 Stunden im Kühlschrank gelagert werden muss. Deshalb kannst du sie auch einfach einen Tag im Voraus vorbereiten und über Nacht kühlen. Die Zubereitung geht aber sehr schnell und ist super einfach. Mit diesem Rezept kannst du eine perfekte Mousse zaubern, für die du nur 5 Zutaten benötigst und durch Nutella statt Schokolade auch noch Zubereitungsschritte sparst. Der Orangensalat und die karamellisierten Walnusskerne sind nur eine kleine Empfehlung von uns, du kannst die Mousse natürlich auch einfach pur oder mit etwas frischem Obst genießen.

FÜR ZWEI

MOUSSE

2 Blatt Gelatine
2 Eier
½ Päckchen Vanillezucker (7-8 g)
150 g Nuss-Nougat-Creme (z.B. Nutella)
200 g Sahne

ORANGENSALAT

3 Orangen
½ Zitrone
½ Päckchen Vanillezucker (7-8 g)
1 EL flüssiger Honig
60 g Walnusskerne

ADD-ON

1 cl Rum
Zimt

SO GEHT'S

Zuerst die Gelatine in eine Schale mit kaltem Wasser einlegen. Dann 1 ganzes Ei, 1 Eigelb und den Vanillezucker über dem Wasserbad zur Rose abziehen. Was sich dahinter verbirgt? Auf einen Topf mit heißem Wasser wird eine Schüssel gestellt, in der die Eimasse gerührt wird. Das Wasser im Topf darf den Schüsselboden auf keinen Fall berühren und sollte leicht köcheln. Andernfalls würde die Schüssel zu heiß werden, das Eigelb könnte gerinnen und die Speise nicht cremig werden.

Sobald die Masse eine weißgelbliche Farbe, verbunden mit einer cremigen Konsistenz, annimmt, nimmt man den Topf sofort vom Wasserbad. Jetzt die eingelegte Gelatine etwas ausdrücken und in die Eimasse einrühren, bis sie sich vollständig aufgelöst hat. Als Nächstes die Nuss-Nougat-Creme unter die Eimasse rühren. Optional kannst du in diesem Schritt den Rum hinzugeben. Das Eiweiß zu Eischnee aufschlagen und locker unter die leicht ausgekühlte Nuss-Nugat-Masse heben. Die Sahne ebenfalls aufschlagen und unter die Masse heben. Dabei so behutsam wie möglich vorgehen, damit die Masse nicht zusammenfällt.
Die Masse in eine große Schüssel oder portionsgerecht in kleine Schalen füllen und für 2-3 Stunden in den Kühlschrank stellen.

Für den Orangensalat von den Orangen die Schale sowie die weiße Haut mit einem kleinen Messer entfernen. Jetzt schneidest du entlang der weißen Trennhaut die Filets aus den Orangen. Die Orangenreste mit der Hand auspressen und den Saft gemeinsam mit den Filets in einer größeren Schüssel sammeln. Die Zitrone auspressen und den Saft ebenfalls über die Orangen träufeln.
Die Orangen mit dem Vanillezucker zuckern und nach Belieben mit etwas Zimt abschmecken. Den Orangensalat auf den Tellern mit der Mousse anrichten. Dafür nur die Filets heraussuchen und mit etwas Saft beträufeln.

Den Honig in der Pfanne bei mittlerer Temperatur flüssiger werden lassen und die Walnusskerne hinzugeben. Das Ganze unter ständiger Aufsicht leicht karamellisieren lassen und anschließend auf dem Orangensalat und der Mousse verteilen.

SLO-MO
VIDEO
FOTO
PORTRÄT
PANO

Wir hoffen, dich mit diesem
Kochbuch zu inspirieren
und freuen uns über dein Feedback.
Schreibe uns gerne auf unserer
Instaseite »essential.four.friends«
Hier findest du auch immer
wieder neue Tipps und Rezepte.

KILI, TIM, KIM & FABI

Rezeptregister

Zutatenregister

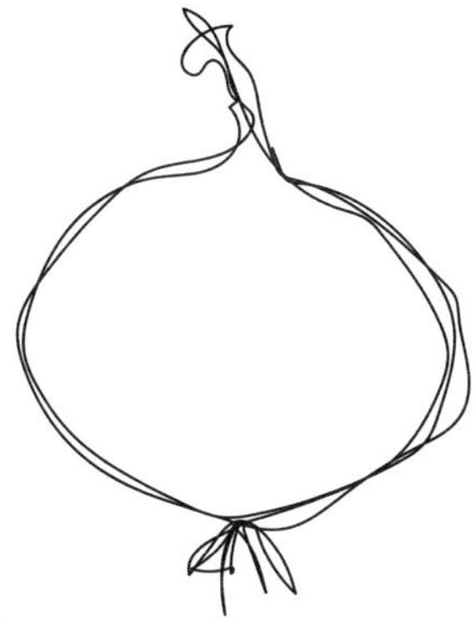

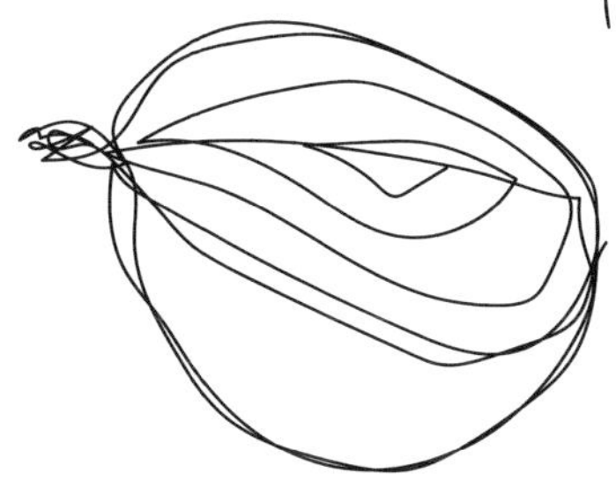

Wir wollen Danke sagen!

Das wir vier die Möglichkeit haben, ein eigenes Kochbuch zu veröffentlichen, ist nicht selbstverständlich. Um dieses Projekt ein Stück weit zu verwirklichen haben wir Hilfe von vielen unterschiedlichen Menschen bekommen, die an uns und unser Projekt geglaubt haben. Dafür möchten wir uns bei Euch bedanken.

Zuallererst möchten wir uns bei unseren Familien und Freunden bedanken, die uns immer bei diesem Herzensprojekt unterstützt haben und mit Rat und Tat zur Seite standen. Egal ob beim Texten, Einkaufen, Probekochen oder Probeessen, und unseren Hochs und Tief, ihr wart immer für uns da!

Für die Unterstützung bei unseren Specials möchten wir uns insbesondere bei Irma Holz, Sandra und Gunter Arbogast, Lidiana Gorini und Thomas Kellermann bedanken. Danke für Eure Zeit, die Rezepte, die Fotos und eure Geduld mit uns.

Bedanken möchten wir uns auch bei der DHBW Ravensburg. Im speziellen bei Prof. Dr. Jan Specht, der Fabi und Tim ermutigt hat, an der Kochbuch-Idee festzuhalten und diese in die Realität umzusetzen.

Bei Frau Cornelia Dietrich, für die Kontakte aus der Gastro-Branche. Bei Prof. Andrea Hennig, die uns nicht nur bei der Gestaltung, sondern auch bei dem Verfassen des Exposés unglaublich geholfen hat und uns immer mit Rat und Tat zur Seite stand. Bei Philipp Finkbeiner für sein Vertrauen und das unkomplizierte Ausleihen des Foto-Equipments. Auch bei Elisabeth Ligendza, für ihren Social Media Support auf sämtlichen Plattformen der DHBW Ravensburg. Dankeschön auch an Dr. Henning Hillers für die tolle Beratung und die Zeit die Sie sich für uns genommen haben.

Ein großes Dankeschön geht natürlich auch an Maxi, der unser Cover geshootet hat, unsere WGs, die uns trotz stundenlanger Küchen-Blockaden dennoch immer wieder willkommen geheißen haben. Ihr habt auch in stressigen Situationen an uns und unser Projekt geglaubt. Wir hoffen, dass wir es mit der Essensversorgung wiedergutmachen konnten!

Ein großer Dank gilt zuletzt dem Christian Verlag, insbesondere Stefanie Gückstock. Ihr habt an uns und unsere Idee geglaubt und uns dabei unterstützt, dieses Kochbuch nach unseren Vorstellungen zu verwirklichen.

Über die Autoren

Fabian Göpfert wurde von Kochlegende Heinz Winkler zum Koch ausgebildet. Er studiert Hotel- und Gastronomiemanagement und arbeitet im fünf Sterne Parkhotel Egerner Höfe am Tegernsee.

Tim Arbogast hat schon von kleinauf im familieneigenen Gastronomiebetrieb mitgeholfen. Er studiert Hotel- und Gastronomiemanagement und arbeitet während seiner Praxisphasen im Hotel Le Méridien in Stuttgart.

Kim Marie Aichholz studiert Mediendesign und arbeitet in einer Kommunikationsagentur. Außerdem leitete sie sechs Jahre ein Café mit ihren Eltern.

Kilian Rosini studiert Mediendesign, arbeitet in einer Agentur für 3D-Visualisierungen. Durch sein Studium hat er seine Liebe zur Fotografie entdeckt.

Auf ihrem Instagram-Account @essential.four.friends inspirieren die Vier ständig mit neuen Rezepten.

Impressum

PRODUKTMANAGEMENT: Stefanie Gückstock

REDAKTION: Una Giesecke

LAYOUT: Kim Aichholz

KORREKTORAT: Christiane Gsänger

UMSCHLAGGESTALTUNG: Kim Aichholz und Regina Degenkolbe

REPRO: LUDWIG:media

HERSTELLUNG: Bettina Schippel

Printed in Slovakia by Neografia

Texte & Rezepte: Fabian Göpfert, Tim Arbogast, Kim Aichholz, Kilian Rosini
Bildnachweis: Alle Bilder des Innenteils stammen von Kilian Rosini außer auf S. 1, 6, 56, 61, 96, 97, 100, 101, 177 (Bilder: Maximilian Kirn)

Unser komplettes Programm finden Sie unter

www.christian-verlag.de

Alle Angaben dieses Werkes wurden von den Autoren sorgfältig recherchiert und auf den neuesten Stand gebracht sowie vom Verlag geprüft. Für die Richtigkeit der Angaben kann jedoch keine Haftung übernommen werden, weshalb die Nutzung auf eigene Gefahr erfolgt. Sollte dieses Werk Links auf Webseiten Dritter enthalten, so machen wir uns die Inhalte nicht zu eigen und übernehmen für die Inhalte keine Haftung.

Die Deutsche Nationalbibliothek verzeichnet diese Publikation in der Deutschen Nationalbibliografie; detaillierte bibliografische Daten sind im Internet über http://dnb.d-nb.de abrufbar.

ISBN 978-3-95961-602-7

★★★★★

Sind Sie mit diesem Titel zufrieden? Dann würden wir uns über ihre Weiterempfehlung freuen.

Erzählen Sie es im Freundeskreis, berichten Sie Ihrem Buchhändler, oder bewerten Sie bei Onlinekauf. Und wenn Sie Kritik, Korrekturen, Aktualisierungen haben, freuen wir uns über Ihre Nachricht an

Christian Verlag,
Postfach 40 02 09,
D-08702 München oder
per E-Mail an
lektorat@verlagshaus.de

Ebenfalls erhältlich ...

ISBN 978-3-95961-526-6

ISBN 978-3-95961-500-6

ISBN 978-3-95961-370-5

ISBN 978-3-95961-371-2

4.99